Münsterschwarzacher Kleinschriften

herausgegeben
von den Mönchen der Abtei Münsterschwarzach

Band 75

Herbert Alphonso

Die Persönliche Berufung

Tiefgreifende Umwandlung durch die Geistlichen Übungen

Vier-Türme-Verlag

Übersetzt vom englischen Originaltext ins Deutsche von
P. Wolfgang Müller S.J. und Sr. Maria-Irene Nelles CPS.
Für die 5. Auflage vollständig überarbeitet und mit einem
neuen Vorwort versehen durch Sr. Maria-Irene Nelles CPS.
Der Originaltitel »The Personal Vocation« ist im
Eigenverlag der Jesuiten, dem Centrum Ignatianum
Spiritualitatis, Rom, 1990 erschienen.

5., überarbeitete und aktualisierte Auflage 2002
© Vier-Türme GmbH, Verlag Münsterschwarzach
Alle Rechte vorbehalten
Umschlaggestaltung: Morian & Bayer-Eynck, Coesfeld
Umschlagmotiv: John Foxx Images
Gesamtherstellung: Benedict Press, Münsterschwarzach

CIP-Kurztitelaufnahme der Deutschen Bibliothek
Alphonso, Herbert:
Die Persönliche Berufung: tiefgreifende Umwandlung durch
die Geistlichen Übungen/Herbert Alphonso.
[Übers. vom Engl. ins Dt. von Wolfgang Müller und
Maria-Irene Nelles] – 1. Aufl. – Münsterschwarzach:
Vier-Türme-Verlag, 1993
(Münsterschwarzacher Kleinschriften; Bd. 75)
ISBN 3-87868-469-X
ISSN 0171-6360

Inhalt

In dankbarer Erinnerung an
meine Eltern Gaspar und Annie,
denen ich meinen lebendigen
Glauben verdanke,
und besonders an
meine Schwester Rosie,
der ich nächst Gott
mehr als irgendeiner
anderen Person verdanke,
daß ich heute
Priester und Jesuit bin.

Vorwort

Dieses kleine Buch von Herbert Alphonso hat seinen Ursprung in einer überwältigenden geistlichen Erfahrung, die er 1965 in seinen jährlichen achttägigen Exerzitien machte. Diese bewirkte eine vollständige Neuorientierung und tiefgreifende Verwandlung in ihm selbst und prägte von da ab seinen priesterlichen Dienst, denn er lebt seitdem »aus dieser einzigartigen, größten Gnade«. Um so viele Menschen wie möglich an dem bereichernden einmaligen Geschenk Gottes teilhaben zu lassen, wirkt er seitdem weltweit als geistlicher Begleiter, innerhalb und außerhalb der Ignatianischen Exerzitien, und gibt Seminare über die Persönliche Berufung und ihre Auswirkungen auf das Leben des einzelnen. Seine Ausführungen stießen auf außergewöhnliches Interesse, denn sie geben Antwort auf eine tiefe Sehnsucht des heutigen Menschen. Auf Drängen seiner engen Freunde, seine Vorträge doch schriftlich festzuhalten, entstand 1989 das Büchlein »Die Persönliche Berufung – Tiefgreifende Verwandlung durch die Geistlichen Übungen«, zunächst in Englisch.

Inzwischen ist das Buch in 20 Sprachen übersetzt worden. Als ich 1991 von Rom nach Deutschland versetzt wurde, war es für mich eine Ehre, im Auftrag von Herbert Alphonso die Verantwortung für die Veröffentlichung des Büchleins in Deutsch zu übernehmen. Mein Auftrag wurde erleichtert durch die Tatsache, daß Wolfgang Müller S. J. mit seiner Übersetzung die wichtigste Vorarbeit geleistet hatte. Nachdem ich von mehreren Verlagen eine negative Antwort erhalten hatte, war ich sehr dankbar, als sich der Vier-Türme-Verlag in Münsterschwarzach bereit erklärte, das Buch in seine Serien von Kleinschriften aufzunehmen und ein Vorwort dazu zu schreiben. An dieser Stelle gilt Wolfgang Müller S. J. für seine Übersetzung ein herzliches Dankeswort.

Mit dieser Neuauflage, die im Zuge einer Neufassung der Kleinschriften erfolgt, haben wir das Ziel vor Augen, den Inhalt des Buches einem breiteren Leserkreis zugänglich zu machen, auch solchen, die mit dem Erbe von Ignatius von Loyola wenig oder gar nicht vertraut sind. Darum wurde der Originaltext etwas angepaßt und die Übersetzung überarbeitet, wobei aber darauf geachtet wurde, den Inhalt nicht zu verändern. Neben einem Glossar wurden auch Fragen hinzugefügt, die Ihnen helfen können, sich auf die Suche nach Ihrer Persönlichen Berufung zu machen. Diese Fragen sind zwar kein Ersatz für Ignatianische Exerzitien, aber sie bieten ergänzende Wege für den Suchprozeß an. Hier sei noch vermerkt, daß der Begriff »Persönliche Berufung« als Eigenname betrachtet wird, den Herbert Alphonso geprägt hat.

Dieses Vorwort ist Ausdruck meiner tiefen Dankbarkeit und Wertschätzung für das kostbare

Geschenk meiner Persönlichen Berufung, die ich 1986 in Exerzitien mit der Begleitung von Pater Alphonso entdecken durfte, sowie für das Privileg, über viele Jahre hindurch von ihm geistlich begleitet zu werden und so direkt in seiner Schule zu lernen. Auch mein Leben wurde dadurch wesentlich verwandelt. Die »Persönliche Berufung« ist das Geheimnis meiner Beziehung zu Gott und bildet auch das Ziel und die Grundlage für die geistliche Begleitung anderer. Möge dieses Buch vielen Lesern Ansporn sein, sich auf die Suche nach ihrer Persönlichen Berufung zu machen, um aus ihrem tiefsten »Selbst« zu leben und »sich von Gott immer mehr in *das* Bild Jesu Christi verwandeln zu lassen, das sie auf einmalige Weise darstellen dürfen« (A. Grün).

Die Persönliche Berufung ist für mich eine solch vielseitige Wirklichkeit, daß ich in den vergangenen 16 Jahren immer wieder neue Aspekte entdeckt habe. Ich möchte diese Aussage durch ein Bild erläutern, das auf eine persönliche geistliche Erfahrung zurückgeht, die ich mein »Tautropfenwunder« nenne. Es war im Winter 1981, als ich in einem ländlichen Gebiet Südafrikas Einzelexerzitien machte. Da es lange nicht mehr geregnet hatte, war das Gras sehr trocken, und es schien weit und breit nichts zu geben, was dem Auge Freude bereiten konnte. Bei einem Morgenspaziergang aber entdeckte ich unter dem hohen, unansehnlichem Gras eine grüne Pflanze mit einem frischen Tautropfen, der mich total faszinierte. Ich meinte aber keine Zeit zu haben, mich dabei länger aufhalten zu können, weil ich meine Gebetsstunden einhalten wollte. Die darauffolgenden Gebetszeiten aber waren für mich »trocken« wie das braune Gras, und es schien sich nichts zu bewegen. Mein geistlicher Begleiter schickte mich zurück zu meinem Tautropfen.

Als ich am nächsten Morgen zu der Stelle kam, wo ich am Vortag den Tautropfen entdeckt hatte, fand ich dort zu meiner Überraschung einen frischen Tautropfen. Er schillerte in allen Regenbogenfarben und schien, trotz seiner Winzigkeit, die helle südafrikanische Sonne in ihrer Totalität in sich zu sammeln und widerzuspiegeln. Ich war erneut fasziniert, und dieses Mal nahm ich mir viel Zeit, das Phänomen auf mich wirken zu lassen. Als ich nach einer langen Zeit meinen Blick weiterschweifen ließ, entdeckte ich einen zweiten, dann einen dritten und nach und nach Hunderte, ja Tausende Tautropfen, von denen jeder die Sonne in sich sammelte und widerspiegelte. Ich hielt vor Staunen den Atem an, denn ich sah Tautropfen, wo immer ich hinschaute. Aus Angst, diese mit meinen Füßen zu zerstören, traute ich mich kaum noch aufzutreten. In meinem Versuch, mich loszureißen, schaute ich hinauf in die Eukalyptusbäume. Da entdeckte ich an ihnen durchsichtige Harztropfen, die das Phänomen der Tautropfen auf ihre Art und Weise wiederholten. Als ich nach unten auf den Weg blickte, entdeckte ich winzige Steinchen, die das gleiche taten. Alles um mich herum sprach von *dem* Gott, dessen Sohn sich das Licht der Welt nennt und der in allen Erfahrungen unseres Alltags am Werk ist, oft gerade da, wo wir es nicht vermuten oder erwarten. Alles sprach von einem Gott, der sich uns zu erkennen geben will, uns faszinieren, unsere tiefste Sehnsucht stillen und mit uns eins sein will.

Mit der Persönliche Berufung ist für mich eine Faszination mit *einem Aspekt* des Geheimnisses Gottes verbunden, durch das Gott Zugang zu mir findet und ich zu ihm. Sie ist wie ein Brennglas, in dem sich die vielen anderen Geheimnisse Gottes spiegeln. Sie ist wie Licht, das mich im braunen Gras des grauen Alltags seine Gegenwart und sein fortdauerndes Wirken erahnen und manchmal erfahren läßt, und öffnet mir das innere Auge für die Wirklichkeit der Welt des Glaubens. Sie ist der *Name*, bei dem Gott mich ruft, das *Wort*, das er in mich hineingesprochen hat und von dem Romano Guardini schreibt. In diesem Buch zeigt Herbert Alphonso, daß die Entdeckung dieses Namens, dieses Wortes das eigentliche Ziel der Ignatianischen Exerzitien ist.

Mir scheint es kein Zufall zu sei, daß Romano Guardini 1964 – ein Jahr bevor Herbert Alphonso seine Persönliche Berufung entdeckte – folgendes Gedicht schrieb:

Aus einem Traum

Heute Nacht, aber es war wohl morgens,
wenn die Träume kommen,
dann kam auch zu mir einer.

Was darin geschah, weiß ich nicht mehr,
aber es wurde etwas gesagt,
ob zu mir oder von mir selbst,
auch das weiß ich nicht mehr.
Es wurde also gesagt,
wenn ein Mensch geboren wird,
wird ihm ein Wort mitgegeben,
und es war wichtig, was gemeint war:
Nicht nur eine Veranlagung, sondern ein W o r t.
Das wird hineingesprochen in sein Wesen,
und es ist wie ein P a ß w o r t zu allem,
was dann geschieht.
• Es ist Kraft und Schwäche zugleich.
• Es ist Auftrag und Verheißung.
• Es ist Schutz und Gefährdung.
Alles, was dann im Gang der Jahre geschieht,
ist Auswirkung des W o r t e s,
ist Erläuterung und Erfüllung.
Und es kommt darauf an,
daß der, dem es zugesprochen wird,
– jeder Mensch,
denn jedem wird eines zugesprochen –
es versteht und mit ihm ins Einvernehmen kommt.
Und vielleicht wird dieses Wort
die Unterlage sein zu dem,
was der Richter einmal zu ihm sprechen wird.

Romano Guardini, 1. August 1964

Die Persönliche Berufung ist *der* Charakterzug des *Ewigen Wortes*, der in jedem Menschen grundgelegt ist. »Die ganze Aufgabe des Menschen besteht darin, dieses einmalige Wort Gottes Fleisch werden zu lassen und es in dieser Welt vernehmbar zu machen.« (A. Grün) Schreibt doch Paulus im Römerbrief, daß es Ziel und Zweck des Heilsplanes Gottes ist, daß wir »an Wesen und Gestalt seines Sohnes teilhaben« (Römer 8,29), und daß wir »Christus in seiner vollendeten Gestalt darstellen« sollen (Epheser 4,13). *Wie* das geschehen kann, dazu leitet Teil IV dieses Buches an.

Die Einmaligkeit der Persönlichen Berufung macht bewußt, wie Gott ganz persönlich auf jeden Menschen eingeht und wie er ganz persönlich jede Beziehung gestaltet. Denn jeder Mensch ist unendlich kostbar in seinen Augen. (Vgl. Jesaja 49,1.15ff und 62,2–3)

Paderborn, 9. September 2002
Fest der Geburt Marias
Sr. Maria-Irene Nelles CPS

Einleitung

Jahre hindurch hatte ich gelernt – und schließlich geglaubt –, daß die persönliche Verwandlung, die die Exerzitien des heiligen Ignatius durch einen dynamischen Prozeß wachsender innerer Freiheit bewirken, in der »Wahl« bestehe. Darin ginge es entweder um das Herausfinden des Lebensstandes, zu dem man von Gott berufen ist, oder um die wirksame Erneuerung innerhalb eines bereits gewählten Lebensstandes, in *den* Bereichen, deren man sich im Verlaufe der Exerzitien bewußt wird. Im letzteren Fall würde solch eine »Wahl« zu einer bestimmten Anzahl von klar umrissenen »Vorsätzen« führen, die – in die Tat umgesetzt – die gewünschte Erneuerung und persönliche Verwandlung bewirken würden.

1965 hatte ich dann während meiner jährlichen achttägigen Exerzitien eine überwältigende geistliche Erfahrung, die eine vollständige Neuorientierung und Verwandlung in meinem persönlichen Leben und Dienst bewirkte. Seitdem lebe ich aus dieser einzigartigen Gnade meines Lebens heraus und schöpfe auch für das rechte Verständnis und für die angemessene Praxis und Anleitung der Exerzitien des heiligen Ignatius unaufhörlich aus der Fülle dieser Gnade. Ein Geschenk und eine

Gnade, die reiche Frucht bringen – so möchte ich diese Erfahrung in der Tat nennen, da ich noch immer neue und belebende Sichtweisen daraus beziehe –, die sich mir in der Theologie, der Spiritualität und in meinem pastoralen Betätigungsfeld, besonders der geistlichen Begleitung eröffnet. Sie ist für mich der Dreh- und Angelpunkt für eine persönliche Synthese von Leben und pastoraler Arbeit geworden.

Was ich oben als die einzigartige und größte Gnade meines Lebens umschrieb, besteht darin, daß ich in diesen Exerzitien 1965 mein wahrstes und tiefstes »Selbst« entdeckte, meine unwiederholbare *Einmaligkeit,* die Gott mir schenkte, in dem er mich »bei meinem Namen rief«. Und mir ging auf, daß die Entdeckung dieses »Selbst« die eigentliche, tiefste und radikalste Bedeutung der »Wahl« ausmacht, auf die die Ignatianischen Exerzitien hinzielen. Dieses wahrste und tiefste »Selbst«, diese gottgegebene *Einmaligkeit* meiner Person, nenne ich die »Persönliche Berufung«. Außerdem haben mich meine eigenen persönlichen Erfahrungen und meine pastorale Betätigung gelehrt, daß die tiefste Verwandlung im Leben eines Menschen geschieht, wenn er diese seine Persönliche Berufung wirklich lebt.

I. Die »Wahl« in den Ignatianischen Exerzitien

Es wurde gesagt und auch geschrieben, die Geistlichen Übungen des heiligen Ignatius müßten – wenn sie nicht direkt zum Herausfinden des eigenen »Lebensstandes« dienen – zu einigen »Vorsätzen« führen, die ganz konkret zu einer ständigen Erneuerung und Wandlung führen sollen und in der jeweiligen persönlichen Lebenssituation konkrete Auswirkungen haben. Uns allen wurde mit Nachdruck beigebracht, daß – soll so eine Umwandlung wirksam werden – es am besten nur wenige, sehr konkrete und durchführbare »Vorsätze« sein sollen.

Was sind nun, wenn wir genauer hinschauen, diese sogenannten »Vorsätze«? Es sind Entscheidungen, die ich treffe, um an bestimmten Punkten, die mir im persönlichen Gebet und in der Besinnung aufgegangen sind, entschieden und dauerhaft etwas zu ändern, einerseits in bezug auf gewisse Fehler oder Mängel, andererseits in bezug auf etwas in mir, das der positiven Unterstützung und Verstärkung bedarf. Solche »Vorsätze« mögen zum Beispiel die Beziehungen zu anderen betreffen, die Arbeit, das Betätigungsfeld oder die Sendung, die mir anvertraut ist, oder aber die Selbstdisziplin, die für das Gebet oder das Studium notwendig ist.

Fragen wir uns ehrlich: Erfordern solche »Vorsätze« die ganze tiefgreifende Dynamik der Geistlichen Übungen – eine Erfahrung, die im ständigen Gebet gemacht wird (vier oder fünf Stunden täglich, 30 Tage hindurch), das mit Hilfe regelmäßiger und kompetenter Begleitung zu einer Erfahrung der Unterscheidung der Geister führt (konkret: betender Rückblick nach jeder Gebetsstunde, Besprechung der Gebetserfahrungen mit dem Begleiter/der Begleiterin, so daß sie verstanden und angenommen werden kann und die Person erkennen kann, was Gott ihr durch diese Erfahrung sagen will)? Meiner Ansicht nach steht das Ganze in keinem Verhältnis mehr zueinander: »Die Berge sind in Geburtswehen; geboren wird ein lächerliches Mäuschen«, würde Horaz sagen. Gewiß würde ein halber oder ganzer Besinnungstag mit Gebet, Reflexion und eventuell Begleitungsgespräch ausreichen, um diese »Vorsätze« zu fassen.

Die tiefe und fordernde Dynamik der Geistlichen Übungen scheint mir nur dann einen Sinn zu haben, wenn sie einen Menschen dahin führt, sein ganzes Leben in seiner Totalität in die Hand zu nehmen und es Gott zu übergeben. Das ist, was »Bekehrung« im tiefsten biblischen Sinne bedeutet, eine »Metanoia«, eine Richtungsänderung. Kein Wunder, daß Ignatius Wesen und Ziel der Geistlichen Übungen wie folgt beschreibt: »Jede Weise, die Seele darauf vorzubereiten und einzustellen, alle ungeordneten Anhänglichkeiten von sich zu entfernen und, nachdem sie entfernt sind, den göttlichen Willen in der Einstellung des eigenen Lebens zum Heil der Seele zu suchen und zu finden.« (EB 1) Mit anderen Worten: das Ziel der Exerzitien ist die »Wahl« oder das Suchen und Finden des Willens Gottes in *der Ordnung oder Ausrichtung meines Lebens (= la disposición de mi vida)* auf Heil hin.

Nun ist *eine* Weise, wie ich »Gottes Willen in der Ordnung oder Ausrichtung meines Lebens auf Heil hin« verstehen kann, sicherlich der Lebensstand, zu dem ich von Gott berufen bin. Aber das ist keineswegs das einzige oder gar tiefste und radikalste Verständnis dieses Zieles. Der tiefsten Bedeutung nach ist »Gottes Willen in der Ordnung oder Ausrichtung meines Lebens auf Heil hin« meine unwiederholbare *Einmaligkeit,* der »Name«, bei dem Gott mich ruft – das heißt mein wahrstes oder tiefstes »Selbst«, meine »Persönliche Berufung«, wie ich es bezeichnet habe.

Denn, im eigentlichen Sinn bedeutet »Wahl« im Prozeß und in der Dynamik der Ignatianischen Exerzitien, sich in wachsender innerer Freiheit des ganz persönlichen Heilsplanes Gottes – seiner Absicht mit mir – bewußt zu werden, ihn anzunehmen und zutiefst zu verinnerlichen – mir zu eigen zu mache –, um ihn getreu und großherzig zu leben. Und was, so frage ich, ist im radikalsten, tiefsten Sinn Gottes persönlicher Heilsplan für mich – grundlegender noch als mein Lebensstand –, wenn nicht meine gottgeschenkte Einmaligkeit, mein tiefstes und wahres »Selbst«, meine »Persönliche Berufung«?

II. Die Persönliche Berufung

Ein grundlegendes Thema, das die Bibel durchzieht, ist das »Beim-Namen-gerufen-sein«. Hier ist nicht der Ort, die vielen reichhaltigen biblischen Texte aufzuzählen, die dieses Thema ausdrücklich aufgreifen. Worauf alles hinausläuft, ist: Für Gott bin ich nicht einer von Unzähligen, ich bin weder eine Seriennummer noch eine Karteikarte; ich bin unwiederholbar einmalig, denn Gott »ruft mich bei meinem Namen«. Diese Wirklichkeit kann ich zweifellos meine »Persönliche Identität« nennen oder meine »Persönliche Lebensausrichtung« oder mein tiefstes und wahres »Selbst«. Mit der Bibel jedoch möchte ich es lieber meine »Persönliche Berufung« nennen. Leider haben wir oft den Begriff »Berufung« eingeengt auf die Berufung zum Priestertum oder Ordensleben; eher ungern sprechen wir zunehmend von einer Berufung zur Ehe oder zum Laienstand. Die Heilige Schrift aber nennt jeden Ruf Gottes, der zu einer bestimmten Lebensausrichtung auffordert oder eine spezifische Sendung vermittelt, eine »Berufung«.

Vielleicht kann ich das, was die Persönliche Berufung beinhaltet, am besten dadurch illustrieren, daß ich eines von vielen ähnlichen, tatsächlichen Erlebnissen aus meiner eigenen Erfahrung schildere. Vor einigen Jahren besuchte mich ein Jesuit mittleren Alters, der inzwischen gestorben ist. Da wir gute Freunde waren, begann er spontan, über sich persönlich zu sprechen. Er vertraute mir an, daß er seit vielen Jahren nicht mehr beten könne; selbst wenn er sich zum Gebet aufmache – was selten geschehe –, so bete er nicht wirklich; er sei nur körperlich anwesend. Während er von seiner großen Nachlässigkeit im Gebet sprach, gewann ich den Eindruck, daß er irgendwie von dieser Nachlässigkeit beim Gebet gequält wurde. Ich spürte: Wollte ich ihm helfen, müßte ich ihn zunächst dazu bringen, Abstand zu bekommen von seiner »Nachlässigkeit im Gebet«, von der er in gewissem Sinn besetzt war, um sie aus der Distanz anschauen zu können. Ganz beiläufig sagte ich zu ihm: »Du hast lange, lange nicht gebetet. Sag mir: Hast du dich irgendwann in deinem Leben *spontan* Gott nahe gefühlt – nicht aufgrund irgendeines Gedankenablaufs, sondern *spontan*; hast du jemals gefühlt, wie dein Herz angerührt wurde und du mit Gott in Berührung warst, in Einheit mit Gott?« Kaum hatte ich die Frage formuliert, da sagte er: »Natürlich, immer wenn ich auf mein vergangenes Leben zurückschaue und sehe, wie gut Gott zu mir gewesen ist, da fühle ich mich ihm sofort nahe, von Gott angerührt, mit Gott vereint.« Ich merkte, wie er dabei lebendig geworden war, daß er mit tiefem Gefühl sprach und seine Augen zu leuchten begannen. So unterbrach ich ihn: »So wie du sprichst, scheint die Güte Gottes dir viel zu bedeuten; hast du jemals die Güte Gottes zum Thema deines Gebetes gemacht?« »Niemals«, antwortete er. Überrascht von meiner Frage, ging er in Verteidigungsstellung, und aggressiv kam es aus ihm heraus: »Was denkst du denn, wie lange ich bei dem Gedanken an die Güte Gottes beten kann?«, wodurch er mir zu verstehen geben wollte, daß ihn dies ermüden würde. Ich hatte sehr aufmerksam zugehört und fragte ganz ruhig: »Gerade sagtest du mir, daß du es noch gar nicht versucht hast. Versuch es doch erst, bevor du darüber urteilst.« »Ja, du hast recht«, sagte er; und damit verließ er mein Zimmer.

Etwa drei Wochen später stürmte er förmlich in mein Zimmer und sprudelte seine große Entdeckung heraus: »Du, Herbie, ich kann *immer* bei dem Gedanken an die Güte Gottes beten, immer und immer.« Ich muß offen zugeben: Ich war wohl irgendwie noch verärgert über seine aggressive Verteidigungshaltung vor drei Wochen. So sagte ich recht zynisch: »Na ja, es sind erst drei Wochen vergangen; wenn du es noch etwas länger versuchst, könnte es dich vielleicht doch ermüden!« Dieser Jesuit, der mir vorher mit so viel Begeisterung seine Entdeckung geschildert hatte, daß er bei dem Gedanken an die »Güte Gottes« immer beten kann, fiel sichtlich in sich zusammen und schlich aus meinem Zimmer. Mit einem Mal kam ich zur Besinnung und rief aus: »O Gott, ich habe ihn durch meinen Zynismus verloren!« Aber – wenn auch ich an diesem Tag nicht gut war – Gott ist gut.

Ganz gegen meine Erwartung kam dieser Jesuit doch wieder zu mir zurück – nicht drei Wochen später, sondern volle viereinhalb Monate später. Dieses Mal stürmte er nicht ins Zimmer; er kam fast auf Zehenspitzen herein und sagte leise, aber mit Nachdruck: »Wirklich, Herbie, ich kann bei dem Gedanken an die Güte Gottes *immer* beten.« Inzwischen hatte ich glücklicherweise aus meiner Erfahrung gelernt, und so lud ich ihn sofort ein: »Bitte, setz dich doch!« Und er begann, mir ausführlich zu schildern, welche Bedeutung die Güte Gottes für ihn bekommen hatte: nicht nur als Geheimnis seines Gebetes, sondern auch als Geheimnis seiner pastoralen Arbeit, all seiner Beziehungen – inner- und außerhalb seiner Ordensgemeinschaft –, ja auch seiner Entspannung und Erholung. Als er seine Schilderung beendet hatte, war ich so tief berührt, daß ich spontan sagte: »Lieber Freund, du hast deine Persönliche Berufung entdeckt: *die Güte Gottes*!«

Dieses konkrete Erlebnis erlaubt mir nun, die wahre Bedeutung der Persönlichen Berufung auf verschiedenen Ebenen zu beschreiben: Es geht um eine so ungemein reiche Wirklichkeit, daß wir sie nicht auf einmal, sozusagen mit einem Blick erfassen können. Wir müssen uns ihr von verschiedenen Seiten her oder auf verschiedenen Ebenen nähern.

Das Geheimnis von Einheit und Integration

Wir sehnen uns alle nach Einheit und Integration, besonders wenn wir voll im Einsatz – in einer pastoralen Aufgabe oder sonst einer Arbeit – stehen. Der tiefste Schrei des Herzens, den ich als geistlicher Begleiter von Menschen in vollem pastoralen Einsatz immer wieder höre, ist das Verlangen nach Einheit und Integration: »Den ganzen Tag über muß ich so vielerlei tun, daß ich am Abend völlig ausgelaugt, zerstreut und fertig bin. Wie sehr wünsche ich mir, ich könnte eine *einzige* Sache voll und ganz tun!« Unsere Erfahrung beweist uns: je vollkommener und reifer wir werden, desto einfacher werden wir – eine Einfachheit, die nicht Verarmung bedeutet, sondern tiefgründigen Reichtum beinhaltet.

Es ist in der Tat auch für uns möglich, nur *eines* zu tun – und uns auf dieses *eine* ganz zu konzentrieren, um es voll und ganz zu tun – wie jener Jesuit. Das Geheimnis seines Gebetes war die *Güte Gottes*. Denn Gebet ist nicht etwas, was *wir* Gott geben (wir können Gott gar nichts geben!); wir können Gebet eher beschreiben als ein Öffnen des Herzens für Gott, damit *Gott* sich uns geben kann. Wo öffnet sich unser Herz am meisten, wenn nicht in der Tiefe unseres Seins – wo Gott den Kern unseres Wesens tief berührt –, wo wir am meisten wir selbst sind, wo jeder von uns *einmalig* ist? Das Geheimnis jenes Jesuiten war »die Güte Gottes«, ob nun in bezug auf seine Arbeit, seine Beziehungen, seine Entspannung oder Erholung, denn in all dem hatte er nichts anderes zu tun, als »der gute Gott« für andere zu sein. Die »Güte Gottes« erfüllte sein Herz und sein ganzes Sein so sehr, daß die einzige Herausforderung seines Lebens darin bestand, Kanal der Güte Gottes für andere zu sein. Seine Persönliche Berufung, die Güte Gottes, war für ihn im tiefsten Sinn zum Geheimnis der Einheit und Integration seines ganzen Lebens geworden.

Zu Recht kann man fragen, inwiefern die Güte Gottes *unwiederholbar einmalig* sein kann. »Güte Gottes« klingt so allgemein: Wenn wir die Bibel aufschlagen, finden wir in der Tat fast auf jeder zweiten Seite etwas über Gottes Güte. Lassen Sie mich dieses Bild zunächst weiterführen: Wenn *ich* die Bibel aufschlage und den Ausdruck »Güte Gottes« finde, sehe ich darin gewiß zwei wichtige Worte, aber es sind zwei unter vielen anderen wichtigen Worten. Für unseren Jesuiten, für den dieser Ausdruck die Persönliche Berufung ausdrückte, war das anders: Wenn er die Bibel aufschlug und »Güte Gottes« las, dann erschien es ihm, als ob diese zwei Worte von den übrigen Worten abstachen, wie fett gedruckt wären, voller Bedeutung leuchteten und strahlten, zwei Worte, an denen er Feuer fing, denn sie waren für ihn »Geist und Leben« (vgl. Johannes 6,63).

Es gibt zudem einen tiefenpsychologischen Grund dafür, der uns begreifen hilft, inwiefern ein solches Wort wie »Güte Gottes« tatsächlich unwiederholbar einmalig sein kann. Falls wir jemals versucht haben, einem guten Freund ein tiefes persönliches Erlebnis mitzuteilen, wissen wir aus Erfahrung, daß man irgendwann an einen Punkt kommt, wo man praktisch hilflos aufgibt: »Es tut mir leid, ich kann nur teilweise in Worte fassen, was ich wirklich erfahren habe. Wenn Du mich nicht fragst, weiß ich es; wenn Du mich fragst, weiß ich es nicht!« Denn: »persona est ineffabilis, persona est incommunicabilis« – was am persönlichsten ist, kann nicht vollständig in Worte gefaßt werden – es ist unaussprechlich –, es läßt sich nicht mitteilen. Persönliches Wissen, oder was der heilige Ignatius in seinen Geistlichen Übungen treffend als »das Wissen der Dinge von innen her« bezeichnet, ist kein begriffliches Wissen; es ist ein Wissen mit dem Herzen. In Worte fassen können wir nur das, was wir in Begriffe fassen können. Deshalb können wir bei der Mitteilung einer zutiefst persönlichen Erfahrung diese bestenfalls annähernd, in armseliger und unangemessener menschlicher Sprache verständlich machen. Ist es darum verwunderlich, daß wir beim Formulieren dessen, was wir als unsere gottgeschenkte Einmaligkeit entdeckt haben – also unsere tiefste persönliche Erfahrung –, es nur in unangemessenen menschlichen Worten einfangen? Es sind Worte, die – von außen betrachtet – sehr allgemein klingen, aber für uns im Innersten unseres Wesens das sagen, was unser tiefstes und wahrstes »Selbst« ausmacht und unsere unwiederholbare Einmaligkeit.

Wenn ich Menschen dabei helfe, ihre Persönliche Berufung herauszufinden und zu leben, wird meine eigene Erfahrung diesbezüglich immer wieder aufs neue bestätigt. Ich möchte hier einige Formulierungen von Persönlichen Berufungen von konkreten Personen (die mir freundlicherweise erlaubt habe, davon Gebrauch zu machen, wann immer es mir geeignet erscheint) nennen. Sie lauten zum Beispiel: »Ich bin bei dir«; »geduldige Liebe«, »verzeihende Liebe«; »bedingungslose Annahme«; »bleib in meiner Liebe«; »reines Geschenk«; »nur Er immer... kann... da« (das entscheidende Wort in diesem Fall ist »da«, welches für die betreffende Person etwas tief persönliches bedeutet).

Für mich besteht kein Zweifel, daß die Persönliche Berufung des Gott-Menschen Jesus sich in einem einzigen Wort – »Abba – Vater« – ausdrükken läßt, welches sein ganzes Leben und seine Sendung zusammenfaßt. Die Evangelien rufen es mir förmlich zu (zum Beispiel ist es in Johannes 5–10 das einzige Beweismittel Jesu im Streitgespräch mit den Schriftgelehrten und Pharisäern; oder in Lukas 10,21 ist es Jesu Reaktion in seiner Erfahrung von überschwenglicher Tröstung, und in Lukas 22,39ff ist es seine Reaktion auf tiefste Verlassenheit – es ist immer »Abba – Vater«!).

Alle obengenannten »Persönlichen Berufungen« klingen für uns sehr allgemein; das gleiche gilt für Jesus »Abba – Vater«. Auch wir sagen »Abba – Vater«, weil Jesus sein »Abba« mit uns geteilt hat. Aber was »Abba« für ihn bedeutete, war etwas sehr Persönliches und Einmaliges, sehr verschieden von dem, was das Wort für uns bedeutet; die Evangelien aber vermitteln uns eine

Ahnung von dieser unwiederholbaren Einmaligkeit. So klingen die Formulierungen von Persönlichen Berufungen anderer zwar sehr allgemein für diejenigen, die nur die Worte lesen oder hören. Aber was diese Worte für die betreffende Person beinhalten, die ihre Persönliche Berufung darin ausdrückt, sind sie unwiederholbar einmalig.

Es ist deshalb auch nicht überraschend, wenn man feststellt, daß mehrere Personen ihre jeweilige Persönliche Berufung in gleichen unzulänglichen menschlichen Worten ausdrücken, zum Beispiel »ich bin bei dir«. Aber was diese Worte für jeden von ihnen bedeuten, ist etwas Einmaliges und Unwiederholbares. Das hat mich die Erfahrung als geistlicher Begleiter in reichem Maße gelehrt, so daß ich ein »Gespür« für diese besondere Einmaligkeit bekam, sowohl aufgrund der Gesamtreaktion der betreffenden Personen auf die Erfahrung wie aufgrund ihrer Auswirkungen auf ihr ganzes Leben.

Einmaliger gottgeschenkter Sinn

Etwa eineinhalb Jahre nachdem mir die Gnade meiner eigenen Persönlichen Berufung geschenkt wurde, las ich zum ersten Mal Victor Frankls Buch »Der Mensch auf der Suche nach dem Sinn«. Während ich las, stieg mein Interesse immer mehr: Es gab in mir eine tiefe Resonanz auf alles, was Frankl darin ausführte, und ich sagte mir immer wieder voll Erregung: »Ich glaube, ich weiß, worüber dieser Mann spricht.« Denn in seinem Buch beschreibt Frankl, wie er dazu kam, seine neue Schule der Psychotherapie – die »Logotherapie« – im Konzentrationslager von Auschwitz, wo er inhaftiert war, zu entdecken.

Mit seinem psychologisch geschulten Blick erkannte er, daß seine Mitgefangenen deshalb physisch förmlich dahinsiechten und starben, weil sie zuvor psychisch dahinschwanden und starben: Ihr Leben hatte keinen »Sinn« mehr, darum gaben sie den Kampf auf und gaben nach. Sehr unauffällig begann Frankl in seinen Gesprächen mit ihnen auf »Sinnperspektiven« in ihrem Leben zu achten. Dann ging er ganz natürlich und kaum wahrnehmbar daran, ihnen eben jene »Sinnperspektiven« ihres Lebens zurückzumelden und neu zu eröffnen. Zu seinem großen Erstaunen stellte er fest – er gibt dafür einige konkrete Beispiele in seinem Buch –, daß diese Mitgefangenen, die zuvor resigniert und sich vollständig ihrem Schicksal im Konzentrationslager ergeben hatten, plötzlich wieder lebendig wurden und jede Folter, jede Prüfung und jede Härte im Lager durchstehen konnten dank des »Sinns« oder der Sinnperspektiven, die sie neu in ihr Leben integriert und sich persönlich zu eigen gemacht hatten. Auf diese Weise entdeckte und entwickelte Frankl später seine »Logotherapie« – was soviel bedeutet wie: den Menschen heil (= Therapie) machen, indem man dem Leben »Sinn« (= logos) vermittelt. Denn die erste Bedeutung von »logos« ist »Sinn«; erst die weitere Bedeutung ist »Wort«.

Als ich Frankls Buch wieder und wieder gelesen, ja es geradezu verschlungen hatte, erkannte ich, daß er von einer unter vielen möglichen und von Menschen bestimmten Sinngebung für das Leben einer spezifischen Person spricht, und daß er von der Ebene der Psychologie aus spricht. Was Gott mir gezeigt hatte, so erkannte ich, liegt auf der Ebene der Spiritualität. Es geht *nicht um eine von vielen* Sinngebungen, die Menschen erfinden, sondern um *den einmaligen, gottgegebenen Sinn* im Leben einer Person. Als Student der Psychologie und der Spiritualität habe ich immer daran festgehalten und bin in meiner Überzeugung immer neu darin bestärkt worden, daß man diese beiden Disziplinen – ja diese zwei Welten – niemals voneinander trennen darf: Sie sind beide, wie Natur und Gnade, zutiefst und organisch aufeinander bezogen. Ich pflege zu sagen: Die Spiritualität ist die höchste oder die tiefste Ebene der Psychologie, je nachdem, aus welchem Blickwinkel es einer betrachten möchte.

Zudem besteht eine enge Verbindung zwischen den beiden bisher herausgestellten Aspekten der Persönlichen Berufung: Die Persönliche Berufung ist *gerade* deshalb das Geheimnis von Einheit und Integration einer Person, weil sie der einmalige, von Gott gegebene Sinn ihres Lebens ist. Denn nichts eint und integriert auf solch grundlegende Weise wie »Sinn«. Ganz spontan werfen wir das, was sinnlos ist, über Bord und behalten, verinnerlichen und assimilieren das, was sinnvoll ist. Ein bekanntes Beispiel kann dies verdeutlichen.

Als wir noch wenig von Psychologie wußten, pflegten wir vom »Lösen« der Probleme von Menschen zu sprechen. Bildlich ausgedrückt: es war, als ob man mit einer Schere das Problem »herausschneiden« und einfach wegwerfen könnte. Heute sprechen wir nicht mehr so. Ich weiß, daß ich meine wirkliche Lebensgeschichte nicht einfach wegwünschen kann: Was für mich einmal ein »Problem« war, wird immer ein Teil von mir bleiben. Wenn es nicht mehr »problematisch« ist, dann nicht, weil es aufgehört hat zu existieren, dazusein und zu mir und zu meiner Geschichte zu gehören. Es ist nicht mehr problematisch – so sagen wir (achten wir dabei gut auf die allgemein gebräuchliche Ausdrucksweise!) –, weil es jetzt »ins Lot« gefallen ist, weil es »einen Sinn hat«, weil es »voller Bedeutung ist«, weil es »integriert« wurde. Es war problematisch, solange es gleichsam wie eine scharfe Kante hervorragte, jetzt aber ist es »abgerundet« und in mein Leben »hineinintegriert«.

Christologische Perspektiven

Objektiv ausgedrückt, ergeht kein Ruf von Gott an den Menschen außer in der Person Jesu Christi; und kein Mensch gibt eine Antwort auf Gottes Ruf außer in der Person Jesu Christi. Dieses ist nur eine Weise, die grundlegende biblische Wahrheit von der einmaligen Vermittlerrolle Jesu Christi auszudrücken: »Einer ist Gott, Einer auch Mittler zwischen Gott und den Menschen: der Mensch Christus Jesus.« (1 Timotheus 2,5)

Demnach sind alle Berufungen in Jesus Christus: Die Persönlichkeit Jesu Christi ist so unendlich reich, daß sie alle Anrufe und Berufungen umfaßt. Wenn also jeder von uns eine Persönliche Berufung hat, so kann dies nur in Jesus Christus sein. Das bedeutet, daß es da eine Facette der Persönlichkeit Jesu Christi, ein »Antlitz« Jesu Christi gibt, das jedem/jeder einzelnen zugehört und ihm/ihr einen einmaligen Charakter verleiht, so daß jede/r einzelne von uns wirklich von »*seinem/ihrem*« Jesus sprechen kann – nicht nur »fromm«, sondern in einem tiefen theologischen Sinn.

Genau darauf weist die Theologie der christlichen Taufe sehr deutlich hin. Der Satz des Neuen Testaments »auf Jesus Christus getauft sein« (= *baptizein eis Christon Jêsoun;* zum Beispiel Römer 6,3) legt nahe, daß jeder von uns »hineingetaucht« (= baptizein) wurde in Jesus Christus – natürlich in geheimnisvoller Weise. So hat in der Taufe jede/r von uns auf ganz einmalige, persönliche Weise »Christus angezogen« oder wurde mit Jesus Christus »umkleidet«. Der Vater, der an niemandem außer an seinem Sohn Jesus Gefallen finden kann, entdeckt das »Antlitz« seines Sohnes in jeder/m von uns und sagt: »Du bist mein geliebtes Kind, an dir habe ich Gefallen gefunden.« (Vgl. Markus 1,11) Für den Rest unseres christlichen Lebens besteht unsere Aufgabe als Christ für jede/n von uns darin, diesen einzigartigen, persönlichen Jesus »anzuziehen« bis hin zur vollen Reife. Denn Gottes Plan für jede/n von uns ist es, daß wir »gleichgestaltet werden dem Bild seines

Sohnes« (Römer 8,29), »damit wir zum vollkommenen Menschen werden und Christus in seiner vollendeten Gestalt darstellen« (Epheser 4,13) – nicht auf allgemeine Weise, sondern jede/r von uns auf ganz tiefe, persönliche und einmalige und einzigartige Weise.

Die Persönliche Berufung ist also nicht – und das ist wichtig zu verstehen – ein abstraktes, persönliches Ideal. Nein, sie ist eine *Person* – die Person Jesus Christus selbst – und das auf eine ganz einmalige Weise. Ich kann darum in Wahrheit von »*meinem*« Jesus sprechen. Damit wird mein ganzes Leben als Christ zu dem, was es sein soll – wie mir schon immer gesagt wurde, ohne mir aber zu zeigen, *wie* es geschehen könnte –, eine wachsende, tiefe interpersonale Liebesbeziehung zwischen Jesus Christus und mir, eine Beziehung, die sich notwendigerweise auf meine sozialen Verantwortungen auswirkt und mein christliches Zeugnis und meine Sendung maßgebend prägt.

Ich komme zurück auf meine Geschichte des Jesuiten, dessen Persönliche Berufung »die Güte Gottes« war: Wer war *sein* Jesus? Nun, es war der *gütige* Jesus im Gleichnis vom *guten* Samariter oder in der Parabel vom *Guten* Hirten oder der Jesus, dessen ganzes Leben und Sendung die Apostelgeschichte in 10,38 kurz zusammenfaßt in den Worten: »Er zog umher und tat Gutes.«

Jetzt können wir in einem tieferen Sinn verstehen, warum die Persönliche Berufung der einzige von Gott gegebene *Sinn* im Leben eines Menschen ist. Denn für Gott, den Vater, gibt es keinen »Sinn«

außerhalb von Jesus Christus: Jesus Christus ist der »Logos« des Vaters – und »Logos«, so haben wir gesagt, bedeutet zuallererst »Sinn«. In einer wundervollen Hymne von kosmischen Dimensionen verkündet der heilige Paulus, daß alles in, durch und auf Jesus Christus hin geschaffen wurde, und daß ebenso alles in, durch und auf Christus hin neu geschaffen, erneuert und versöhnt wurde. (Kolosser 1,12–20) Jesus Christus ist das Alpha und das Omega der ganzen Schöpfung und der ganzen Neuschöpfung; einen anderen »Sinn« wie ihn gibt es für den Vater nicht.

So sind die drei von mir gewählten Zugänge, die die Schönheit und Tiefe der Persönlichen Berufung näherbringen sollen, engstens aufeinander bezogen und miteinander verbunden. Wir haben gesehen, daß die Persönliche Berufung das tiefste Geheimnis von Einheit und Integration ist, eben weil sie der einmalige, von Gott gegebene Sinn im Leben ist; und sie ist es gerade deshalb, weil sie für jede/n von uns ein persönlicher Jesus ist. Für den Vater gibt es keinen Sinn außerhalb von seinem Sohn Jesus Christus.

Das Wesen der Persönlichen Berufung

Aus allem bisher Gesagten wird deutlich, daß die Persönliche Berufung in unserem Sinn *nicht* auf derselben Ebene liegt wie die gewöhnlich als »Berufungen« bezeichneten Phänomene, die aufeinander aufbauen. Nehmen wir zur Verdeutlichung eine Gruppe von zehn Jesuitenpatres: Bei jedem von ihnen sind folgende vier Arten von Berufungen gegeben, die aufeinander aufbauen: die Berufung zum Christsein, zum Priestertum, zum Ordensleben und zum Jesuiten. Nun ist die Persönliche Berufung des einzelnen keine fünfte Ebene der aufeinander aufbauenden Berufungen. Nein, sie ist vielmehr der *Geist,* der jede einzelne dieser vier erwähnten Ebenen von Berufung belebt. Mit anderen Worten: Jeder dieser zehn Jesuiten hat *seine eigene persönliche und damit einmalige Art und Weise,* Christ, Priester, Ordensmann und Jesuit zu sein. Das Neue Testament lehrt uns auf Schritt und Tritt und bekräftigt es immer wieder, daß das unterscheidende Merkmal des »Christseins« – also damit das typische »christliche« Kriterium für die Unterscheidung der Geister – das der Selbsthingabe und der Selbstübergabe oder – wie wir es gewöhnlich nennen – »das Kreuz« (in seinem theologischen und geistlichen Sinne) ist. Wenn wir nun davon ausgehen, daß jede/r einzelne von uns in ihrer bzw. seiner Persönlichen Berufung einen je eigenen, einmaligen Weg der Selbsthingabe und des Überlassens an Gott hat – und das in *jeder* menschlichen Erfahrung –, dann wird deutlich, wie die Persönliche Berufung zu einer tiefgreifenden persönlichen Verwandlung des einzelnen Menschen führt. Im letzten Kapitel werde ich nochmals darauf zurückkommen.

Es sollte ferner mehr als klar sein, daß die Persönliche Berufung *nicht* auf der Ebene des *Tuns* oder des Funktionierens, sondern auf der *Ebene des Seins* liegt. Es ist tragisch, daß in Wirklichkeit sehr viele Menschen »Berufung« auf der Ebene des Tuns verstehen und erleben. Diese Ebene führt eines Tages zwingenderweise in die Krise – das liegt in der Natur des Tuns und Funktionierens. Wenn ich dann in der Zeit der Krise keine Reserven vom Sein her habe, auf die ich zurückgreifen kann, weil sich mein ganzes Verständnis von »Berufung« im Bereich des bloßen Funktionierens und des reinen Tuns bewegt, dann werde ich zweifellos in eine *alles* umfassende Krise geraten. Das ist leider die tragische Geschichte nicht weniger Menschen. Kann ich jedoch in der Krise zurückgreifen auf die Reserven meines »Seins«, die mir in meiner Persönlichen Berufung so einmalig geschenkt sind, dann brauche ich keine Angst zu haben; dann kann ich diese Krise durchstehen, ja sie »integrieren«, weil ich gerade in dieser Krise auf der Ebene des Seins für mich persönlich einen Sinn finden kann. Denn alles Tun hat seinen Ursprung im Sein.

An dieser Stelle ist es hilfreich, auf die weitreichenden Konsequenzen hinzuweisen, die das bisher Gesagte für eine apostolische Spiritualität hat. Es ist bekannt, daß »Verfügbarkeit für die Sendung« eines der besonderen Kennzeichen einer echt apostolischen Spiritualität ist. Wenn mein Lebenssinn wirklich auf der Ebene des Seins liegt, das heißt viel tiefer und radikaler als auf der Ebene des »Tuns«, auf der ich funktioniere, dann kann ich tiefen Sinn in allem finden, was mir als Sendung anvertraut ist. Das bedeutet nicht, daß ich nicht mit den rechtmäßigen Vorgesetzten über meine Begabungen, meine Fähigkeiten, meine eigene Erfahrung, ja auch meine Charakterschwächen im Gespräch sein soll; aber im letzten werde ich – nachdem solch ein vertrauensvoller Dialog stattgefunden hat – in Wahrheit »für die Sendung verfügbar sein«, entsprechend der dringenden Notwendigkeit der Situation und des größeren apostolischen Dienstes.

Auch wenn diese »Verfügbarkeit für die Sendung« zunächst das Leben im Orden betrifft, können es doch auch andere Menschen, die heute aus familiären oder anderen Gründen gezwungen sind, ihre Arbeit oder ihren Beruf zu wechseln, auf sich anwenden.

III. Die Entdeckung und Bestätigung der Persönlichen Berufung

Entdeckung mit Hilfe der Unterscheidung der Geister

Die Erfahrung hat mich gelehrt, daß die *bevorzugte* Weise, die Persönliche Berufung zu entdekken, darin besteht, die Ignatianischen Exerzitien zu machen. Denn, wie ich im ersten Kapitel aufgezeigt habe, ist das anerkannte Ziel der Geistlichen Übungen die Ignatianische »Wahl« – das heißt die Entdeckung der Persönlichen Berufung mit Hilfe der Unterscheidung der Geister, wenn wir diese Wahl im tiefsten ignatianischen Sinn nehmen.

Wer mit der Dynamik der Geistlichen Übungen vertraut ist, weiß, daß sich ein/e Exerzitant/in dabei auf eine tiefe und ausgedehnte Gebetserfahrung einläßt, die durch regelmäßige und kompetente geistliche Begleitung zu einer Erfahrung der Unterscheidung der Geister führt. Dabei geht es aber nicht um irgendeine Gebetserfahrung, die dem Zufall überlassen wird. Der Gegenstand der ausgedehnten Gebetserfahrung ist der Verlauf der Heilsgeschichte, die im geschichtlichen Leben des Gottmenschen Jesus Christus offenbar geworden ist. Denn wer gerettet werden will, muß auf seine einmalige Weise Jesus als *dem* Vorbild schlechthin nachfolgen. Damit tritt er in den sogenannten objektiven Prozeß der Heilsgeschichte ein, oder anders ausgedrückt, er tritt ein in die geschichtliche Entfaltung des Mysteriums Jesu Christi, des einzigen Mittlers und Erlösers.

Durch eine solche Gebetserfahrung führt Gott die Person des Exerzitanten zu einer jeweils tieferen Ebene der inneren Freiheit: nicht nur auf der augenfälligen Ebene von Sünde, Unvollkommenheit und Unordnung (»erste Woche«), sondern noch tiefer auf der Ebene der Werte, Wertsysteme und Kriterien der Lebensführung (Kontemplationen der »zweiten Woche«), und am tiefsten auf der Ebene der Absicherungen und Sicherheiten des Lebens, die ein/e Exerzitant/in ganz eifersüchtig hütet und verteidigt – zuerst in den verborgenen Schlupfwinkeln des Verstandes (»Besinnung über die zwei Banner«), dann in den subtilen Motivationen des Willens (»Besinnung über die drei Arten von Menschen«) und schließlich in den Geheimwinkeln des Herzens (»Erwägung der drei Weisen der Demut«).

Während ein/e Exerzitant/in im Verlauf der Exerzitien einerseits durch einen Prozeß der inneren Läuterung geht und in seiner/ihren inneren Freiheit wächst, wird er/sie andererseits immer offener und sensibler für das Wirken von Gottes Geist wie auch für die Anfechtungen, die aus dem Einwirken der Gegen-Geister kommen. Mit anderen Worten, er/sie geht durch das Auf und Ab innerer geistiger Erfahrungen, die aufmerksam

und sorgfältig wahrgenommen werden. Wenn der/
die Exerzitant/in – nachdem er/sie auf der tiefsten existentiellen Ebene (was ich oben die Ebene
der »Sicherheiten« des Lebens genannt habe) frei
geworden ist – auf die Gesamterfahrung der Exerzitien zurückblickt, so kann er/sie diese immer
mehr mit Gottes Auge sehen, das heißt nicht länger mit der begrenzten und verzerrten Sicht, mit
der er/sie die Exerzitien begonnen hat. Kein Wunder, daß der/die Exerzitant/in nun in einer Art
Panorama seiner/ihrer unterschiedlichen inneren
Erfahrungen die *konstanten* Elemente von Gottes
Gegenwart und Wirken an den Zeichen und
Früchten des Geistes erkennt, weil sie gleichsam
in Leuchtschrift oder im Fettdruck erscheinen. Und
so zeichnet sich für ihn/sie eine Art »roter Faden«,
ein »Leitmotiv« ab, nämlich *die sich gleichbleibende Richtung von Gottes Ruf zum Heil* in sei-
nem/ihrem unwiederholbar einmaligen Leben.

Um die Sprache von Ignatius zu gebrauchen,
die wir im ersten Kapitel über die »Wahl« zitiert
haben, ist das für die jeweilige Person »der Wille
Gottes in der Gestaltung (nämlich dem Ordnen,
Einrichten, Ausrichten) ihres Lebens auf das Heil
hin« (EB 1). Mit anderen Worten, es ist das
wahrste und tiefste »Selbst« der betroffenen Person, der einmalige »Name«, bei dem Gott sie ruft
– eben ihre »Persönliche Berufung«.

Das ist auch nicht überraschend: denn wenn
dein/e Exerzitant/in sich dank der tiefen und ausgedehnten Gebetserfahrung auf unwiederholbar
einmalige Weise auf die Heilsgeschichte in Jesus,

dem einzigen Mittler und Erlöser, eingelassen hat und damit in den sogenannten verbindlichen, objektiven Prozeß der Heilsgeschichte eingetreten ist, dann wird er/sie mit Gewißheit vom Geist durch einen Prozeß der Vertiefung seiner/ihrer inneren Freiheit geführt. Im Verlauf der Exerzitien darf er/sie mit Hilfe der Unterscheidung der Geister entdecken, wie sich der objektive, für alle verbindliche Weg der Erlösung in seinem/ihrem einmaligen Leben widerspiegelt. Mit anderen Worten, er wird seine »Persönliche Berufung entdecken. Wenn wir uns zudem vergegenwärtigen, daß das objektive Geschehen der Heilsgeschichte – wenn man es in einen zutiefst personalen Begriff faßt – die Entfaltung des Geheimnisses Jesu Christi als einzigem Mittler und Erlöser in die Geschichte hinein ist, dann ist das, was der Exerzitant schließlich entdecken darf, in Wahrheit das einmalige *Antlitz* »seines Jesu«.

Bestätigung

Abgesehen von der spezifischen Bestätigung der »Wahl« (in unserem Fall der Persönlichen Berufung), die innerhalb der Exerzitiendynamik ihren Platz in der von Ignatius sogenannten »dritten« und »vierten Woche« hat, habe ich durch meine Erfahrung in der Exerzitienbegleitung zwei zusätzliche spezielle Wege der »Bestätigung« der Persönlichen Berufung gefunden.

Da ich in den vergangenen 24 Jahren regelmäßig die Erfahrung der Geistlichen Übungen des heiligen Ignatius auf die Entdeckung der Persönlichen Berufung hingelenkt habe – was im Licht meiner tiefsten Überzeugung von der wirklichen und ursprünglichen Bedeutung der Ignatianischen »Wahl« leicht zu verstehen ist –, habe ich in der Begleitung von Exerzitanten beobachtet, wie diese während der Phase der »Bestätigung«, die sich an die Entdeckung ihrer Persönlichen Berufung anschließt, bestimmte typische gleichbleibende Erfahrungen machten.

Mit einer gewissen Entdeckerfreude »erwacht« der/die Exerzitant/in zur immer tieferen Erkenntnis der Tatsache, daß die Persönliche Berufung, die er/sie entdeckt hat, erstaunlicherweise in seiner/ihrer konkreten Lebensgeschichte *von Anfang an* gegenwärtig war. Es ist wirklich spannend, den Exerzitanten zuzuhören, wenn sie begeistert erzählen, wie sie ihre spezielle Persönliche Berufung durch die verschiedenen Stadien ihrer konkreten Lebensgeschichte verfolgen können.

Meine Antwort auf solche enthusiastischen Mitteilungen seitens der Exerzitanten ist jeweils eine ganz ruhige Frage: Sind Sie überrascht, daß Ihre Persönliche Berufung Ihre ganze Lebensgeschichte geprägt hat? Wenn es sich wirklich um Ihre Persönliche Berufung handelt, dann *mußte* sie ja da sein. Sie wurde Ihnen nicht jetzt in diesen Exerzitien geschenkt, sondern – um mit der Bibel zu sprechen – »vom Mutterleib an«. (Vgl. Jesaja 49,1: »Der Herr hat mich schon im Mutterleib berufen; als ich noch im Schoß meiner Mutter war, hat er meinen Namen genannt.«) Sie sind nur jetzt erst dazu »erwacht«, Sie haben sie jetzt entdeckt oder »herausgefunden«; geschenkt war sie Ihnen aber schon vom Anfang Ihres Lebens.

Eine sehr wichtige Form der »Bestätigung« der Persönlichen Berufung ist darum die Tatsache, daß sie hineingeschrieben ist in die *konkrete Geschichte* und in die *innere Dynamik* (das heißt die Bewegung der inneren Kräfte) des Lebens dieses Menschen.

Ich habe oben schon erwähnt, daß ich durch meine konkrete Erfahrung von der tiefen inneren Beziehung zwischen Psychologie und Spiritualität überzeugt worden bin. Ich finde das vor allem durch die Tatsache bestätigt, daß so viele moderne Schulen der Psychologie und der psychologischen Beratung dem sehr nahekommen, was ich soeben als eine typische Weise der Bestätigung der Persönlichen Berufung eines Menschen beschrieben habe. So spricht die Transaktionsanalyse von »Lebens-Skripts«; der »Journal Workshop« von Ira Progoff befähigt Menschen, durch das Führen eines persönlichen Tagebuchs ihre »Lebens-Linien« (Lebensrichtungen) zu entdecken; und neuerdings leitet die »Psychosynthese« Leute dazu an, die »Synthese-Muster« in ihrem Leben zu entdecken. Für mich aber ist das, was ich über die Persönliche Berufung gesagt habe, auf eine viel tiefgreifendere und radikalere Art und Weise »Lebens-Skript«, »Lebens-Linie« oder »Synthese-Muster«. Und wohlgemerkt, während die Transaktionsanalyse verschiedene »Lebens-Skripts« (»Lebens-Drehbücher«) aufdeckt, der Journal Workshop von Progoff den einzelnen Menschen zu verschiedenen »Lebens-Linien« (Lebensausrichtungen) führt und die Psychosynthese wiederum von verschiedenen »Synthese-Mustern« im Leben ein und desselben Menschen spricht, ist die Persönliche Berufung das *einmalige* gottgeschenkte »Lebens-Skript« oder »*die* Lebens-Linie« (*die* Lebensausrichtung) oder *das* Synthese-Muster im Leben einer betreffenden Person. Das bestätigt nochmals, was ich oben aus persönlicher Überzeugung gesagt habe; Spiritualität ist die tiefste oder auch höchste Ebene der Psychologie (je nachdem, von welchem Blickwinkel aus man es betrachtet).

Eine sehr wichtige Frage in bezug auf die Persönliche Berufung ist: *Bleibt* sie für eine bestimmte Person *immer dieselbe oder verändert sie sich ständig im Verlauf des Lebens?* Die Antwort auf diese Frage weist hin auf eine weitere Form der Bestätigung der Persönlichen Berufung.

Die Erfahrung hat mich gelehrt – sowohl in meinem Fall als auch bei denen, die ich auf ihrem geistlichen Weg begleite –, daß es einen bestimmten Aspekt der Persönlichen Berufung gibt, der sich niemals ändert, ja, sich nicht ändern kann; und daß es einen anderen Aspekt gibt, der sich im Verlauf des Lebens verändert. Es wurde schon darauf hingewiesen, daß die Persönliche Berufung ihrem Wesen nach der »Geist« ist, der alle sonstigen Ebenen von Berufung belebt: So hat in unserem Beispiel der zehn Jesuiten jeder seine eigene, einmalige Weise, Christ, Priester, Ordensmann und Jesuit zu sein. Diese bestimmte Weise, dieser

»Geist« *ändert sich nie;* Wie könnte er sich ändern, wenn er mir von Gott als meine Einmaligkeit »vom Mutterleib an« für meine ganze Lebens-
zeit und Geschichte geschenkt ist? Aber in der
gegenwärtigen Heilsordnung, die von der Inkarna-
tion geprägt ist, gibt es keinen Platz für »puren«
Geist: Geist ist immer inkarniert, fleisch-gewor-
den, verleiblicht. Diese konkrete Verleiblichung
ist es, die sich ändert mit den sich ändernden Le-
bensumständen. Und so werden im Verlauf des
Lebens der Persönlichen Berufung des einzelnen
neue »Aspekte« hinzugefügt, nimmt die Persönliche Berufung neue »Färbungen« an (wie die rote
Farbe im »roten Faden« verschiedene Schattierun-
gen haben kann) und wird so weiter »vertieft«.

Daß sich in der Persönlichen Berufung eines
Menschen im Lauf des Lebens mit seinen wech-
selnden Gegebenheiten Unveränderliches und Ver-
änderliches zugleich befindet, ist eine neue und
überzeugende Bestätigung für den dynamischen
Charakter der Persönlichen Berufung. Dieser dy-
namische Charakter beweist, wie tief die Persönliche Berufung mit dem Leben und der Wandlung
des Lebens verbunden ist; es gehört ja zum Wesen
alles Organischen und Lebendigen, sich ständig
zu entwickeln, während es gleichzeitig in ein und
derselben grundlegenden Identität verwurzelt
bleibt.

Letztendlich ist uns bewußt, daß »Sinn« besonders dadurch charakterisiert ist, daß er andauert
und sich nicht erschöpft. Was »Sinn« für uns hat,
langweilt uns nie. Aber wir streifen auf unserem

Lebensweg ständig das ab, was »sinnlos« ist, und halten an dem fest, was wir als »sinnvoll« erfahren. Was jedoch »Sinn« hat, gewinnt im Laufe der Zeit immer mehr an Bedeutung; es nimmt immer tieferen Sinn an. Wenn das ganz allgemein für »Sinn« gilt, wie viel mehr muß es erst dann auf den radikalen und einmaligen, gottgeschenkten »Sinn« im Leben eines Menschen zutreffen, der seine Persönliche Berufung ausmacht?

IV. Tiefgreifende Umwandlung durch die Persönliche Berufung

Obwohl ich bisher schon vieles gesagt habe über die tiefgreifende Umwandlung des Lebens, die mit ihrer Entdeckung und dem konsequenten und gewissenhaften Leben aus der Persönlichen Berufung verbunden ist, möchte ich hier nun einige ihrer weitreichenden Auswirkungen auf das tägliche Leben und den pastoralen Einsatz oder die Arbeit schlechthin herausstellen und näher darauf eingehen.

Tägliche Entscheidungsfindung

»Unterscheidung der Geister« *(discernment)* ist heute *das* bedeutsamste Wort in der christlichen Spiritualität: Die aktuelle Situation, in der sich gegenwärtig Welt und Kirche befinden, zeigt, wie notwendig und dringend diese ist. Wenn aber von Unterscheidung auf Entscheidungsfindung hin die Rede ist – übrigens liegt genau darin die Originalität des Beitrages von Ignatius, den er dank seiner meisterhaften »Geistlichen Übungen« zur christlichen Tradition der Unterscheidung geleistet hat –, so wird oft gesagt und sogar geschrieben, daß der Prozeß der Unterscheidung der

Geister viel zu zeitaufwendig und kompliziert sei, um ihn bei den Details der täglichen Entscheidungen anwenden zu können. Was die täglichen Entscheidungen des Alltags angehe, sei das beste, was wir tun können, eine Entscheidung mit Hilfe des Verstandes herbeizuführen, nämlich kurz die Gründe »dafür« und »dagegen« abzuwägen und sich dann für die Seite zu entscheiden, die die gewichtigeren Gründe für sich hat.

Dieser Ansicht stimme ich ganz und gar nicht zu: Ich bin überzeugt, daß die Persönliche Berufung, nachdem sie anhand eines Prozesses der Unterscheidung der Geister einmal entdeckt ist, *das* Entscheidungskriterium für jede weitere Entscheidungsfindung durch Unterscheidung der Geister ist, selbst was die täglichen Detailfragen betrifft. Denn meine Persönliche Berufung ist für mich der »Wille Gottes « – und das im tiefsten theologischen Sinn dieses oft gebrauchten und oft mißbrauchten Wortes. Wenn ich also vor der Wahl zwischen zwei Alternativen stehe, dann hilft mir meine Persönliche Berufung, durch Unterscheidung der Geister herauszufinden, welche der beiden Alternativen *für mich spezifisch* Gottes Ruf, Gottes Wille *für mich* ist. Das tue ich, indem ich überprüfe, welche der beiden Alternativen mit meiner Persönlichen Berufung *übereinstimmt* und welche *unstimmig* mit ihr ist, indem ich beide getrennt der inneren Einstellung meiner Persönlichen Berufung aussetze. Wenn ich die Haltung, die für mich mit meiner Persönlichen Berufung verbunden ist, tief bis in meinen Wesenskern annehme, dann ist es mir innerhalb von Minuten möglich, innerlich zu *erspüren, welche* Alternative *stimmig* ist und welche einen »Mißklang« – ein ungutes Gefühl in mir hervorruft. Denn meine Persönliche Berufung ist der Ur-Trost meines Lebens; wenn ich sie in der Tiefe zu Wort kommen lasse, komme ich unmittelbar in Berührung mit meinem persönlichen Jesus. Jene Alternative, die meinen Ur-Trost verstärkt und vertieft, ist dann der Anruf Gottes an mich in meinem einmaligen, spezifischen »Selbst«.

Wir sprechen in Verbindung mit der Erneuerung der Ethik und der Moraltheologie heute viel von einer »existentiellen Ethik«. Das heißt mit anderen Worten, daß in jeder Entscheidung, vor der ich stehe, ein spezifischer *Anruf an mich als einmalige Person* ergeht. Wenn beide Alternativen in einer konkreten Entscheidung, der ich gegenüberstehe, wirklich gut sind, bin ich moralisch *nicht* frei, irgendeine der beiden zu wählen – ich würde mich sonst wie ein alttestamentlicher Mensch vom moralischen Kriterium von Recht und Unrecht, Gut und Böse leiten lassen. Nein, für mich als Mensch des Neuen Testamentes gibt es einen Ruf zur »größeren Liebe«. Es ist der Ruf meines persönlichen Jesus an mich als einmalige Person. Und *das* Kriterium, an dem ich diesen einmaligen und besonderen Ruf an mich erkenne, kann nichts anderes als meine Persönliche Berufung sein. Wenn ich diesem Ruf folge, dann lebe ich eine tiefe persönliche Liebesbeziehung mit dem Herrn. Wenn ich mich aber dagegen entscheide und ihn im Lebensvollzug ignoriere, dann übertrete ich nicht nur ein moralisches Gesetz, wie man etwa gegen eine Verkehrsregel oder eine Vorschrift verstößt; nein, dann verrate ich eine personale Liebe. Welche Qualität und Tiefe der persönlichen Umwandlung das zur Folge hat, liegt auf der Hand.

In diesem Licht habe ich auf tieferer Ebene zu verstehen begonnen, was Ignatius wirklich mit seinem charakteristischen »magis«, seiner »größeren Liebe« und dem »größerem Dienst, Lob und Herrlichkeit der Göttlichen Majestät« meint. Das ignatianische »größer« oder »magis« bezieht sich in keiner Weise auf einen quantitativen Faktor. Es hat mit der qualitativen »Einmaligkeit« oder »Besonderheit« der Antwort einer ganz bestimmten Person zu tun. Es bezieht sich direkt auf das, was ich mit »Persönlicher Berufung« bezeichnet habe. Damit ging mir ein weiteres neues Licht auf in bezug auf das, was Ignatius mit seiner tiefen Einsicht über die Priorität des »inneren Gesetzes der Liebe lehrte, ein Gesetz, das der Heilige Geist in die Herzen der Menschen schreibt und einprägt« (Konstitutionen 134). Es ist das Gesetz des Neuen Testamentes, das, wie die Propheten voraussagten, Gott »in unsere Herzen legen« würde. (Vgl. Jeremia 31,31–34; Ezechiel 11,17–20; 36, 24–28) Und was ist dieses personalisierte Gesetz der »größeren Liebe«, wenn nicht die eigentliche Wirklichkeit der Persönlichen Berufung? Welche weitreichende Bedeutung kommt all dem zu für die Eigenart und Qualität christlichen Lebens und Wirkens!

Gott finden in allen Dingen

Die »Persönliche Berufung« eines Menschen ist seine *einmalige Weise,* »Christ« zu sein, das heißt – wie wir weiter oben gezeigt haben – seine einmalige Weise, in *jeder* beliebigen menschlichen Erfahrung sich selbst Gott zu überlassen und sich ihm zu übergeben. Das bedeutet in der Tat, daß wir – ganz gleich, welche menschliche Erfahrung wir machen – dadurch auf unsere einmalige persönlichen Weise mit Gott in Kontakt kommen können, und zwar genau *in und durch* diese menschliche Erfahrung. Mit anderen Worten, wir können Gott in allen Dingen finden, oder, um Hieronymus Nadals berühmte Formulierung zu gebrauchen, man kann mitten in seinem Tun kontemplativ sein (»simul in actione contemplativus«).

Eine andere Weise, das auszudrücken, geht aus der tiefgreifenden Exerzitiendynamik selbst hervor: Es bedarf einer wachsenden inneren Freiheit und im fortschreitenden Maß eines »freien Herzens«, um Gott in allen Dingen zu finden, um Ihn in allen Geschöpfen zu lieben und alle Geschöpfe in Ihm gemäß Seinem heiligsten Willen. (Vgl. die »Betrachtung zur Erlangung der Liebe« als *die* Frucht eines Prozesses der Vertiefung der inneren Freiheit, der gerade durch die Exerzitien bewirkt wird; EB 233; vgl. auch Konstitutionen 288) Nun hat aber Gott jeden einzelnen Menschen mit einem *persönlichen* Geheimnis ausgestattet, wodurch er/sie »frei« werden und bleiben kann – und das mitten in jeder Art menschlicher Erfahrung – eben die Persönliche Berufung des einzelnen.

All das wirft ein neues und helles Licht auf das, was Ignatius durch seine Exerzitien vielen nahebrachte, nämlich zwei konkrete tägliche Übungen, die uns helfen, inmitten unseres Alltags die »innere Freiheit« anzustreben, nämlich die sogenannte »Allgemeine Erforschung« und die »Besondere Prüfung« (»Partikular-Examen«).

Richtig verstanden, geht es bei der *Allgemeinen Erforschung* nicht um eine bloße Übung der Moral, sondern um die tägliche Übung der *Unterscheidung der Geister.* Sie ist die typische Übung des Neuen Testamentes, durch die ich danach strebe, ein authentischer Christ zu sein, und das in und durch die Erfahrungen meines konkreten täglichen Lebens. Denn erst wenn ich meine tatsächliche Alltagserfahrung, was immer sie auch beinhalten, mag, akzeptiert habe, kann ich ihr gegenüber eine *christliche Haltung* einnehmen, das heißt mich in und durch gerade diese konkrete Erfahrung dem Herrn übergeben und überlassen, oder für Ihn »frei« und verfügbar zu werden. Habe ich doch meine eigene, *einmalige Weise* und mein *persönliches Geheimnis,* genau dies zu tun, dank meiner Persönlichen Berufung. Kein Wunder, daß wir heute dieser typisch christlichen Übung der Unterscheidung der Geister neue Namen gegeben haben wie: »Tagesauswertung« oder »Bewußtseinsprüfung« (Englisch »consciousness examen oder im deutschen »Gebet der liebenden Aufmerksamkeit«). Darin drückt sich unser heutiges erneuertes Verständnis dieser Übung aus: Es geht dabei um eine betende Neuausrichtung des Herzens, die mit dem Danken beginnt und die erneute Ausrichtung des Herzens auf Gott zum Ziel hat, und zwar durch die eigene, ganz konkrete und bewußt angenommene Erfahrung hindurch. Daß es dabei eine *einmalige persönliche* Weise gibt, genau das zu tun, weist auf die tiefe und weitreichende Bedeutung der Persönlichen Berufung für die tägliche Unterscheidung der Geister hin.

Worum handelt es sich dann bei der *Besonderen Prüfung?* Erst nachdem mir die Gnade meiner eigenen Persönlichen Berufung geschenkt worden war und ich ihre Auswirkungen auf mein tägliches Leben und mein Apostolat erfahren hatte, begriff ich, um was es bei der »Besonderen Prüfung«, dem sogenannten »Partikular-Examen« geht. Zugleich ging mir auf, daß diese tägliche Übung buchstäblich das sein könnte, was die klassischen geistlichen Schriftsteller von ihr gesagt haben, nämlich »der Pulsschlag des geistlichen Lebens«. Die »Besondere Prüfung«, so erkannte ich, hat den Charakter des »Besonderen« und ist *auf eine ganz bestimmte Person abgestimmt* und *spezifisch* für sie, also *einmalig.* Sie ist darum nichts anderes als die Persönliche Berufung, mit der sie sich deckt!

So ist diese Persönliche Berufung das einmalige Kriterium christlicher Unterscheidungen der Geister im Strudel menschlicher Erfahrung. Es ist die je einmalige und spezifische Weise eines bestimmten Menschen, sich in jeder beliebigen menschlichen Situation für die Begegnung mit dem

Herrn bereitzustellen. Letztlich ist sie die ganz persönliche Art und Weise für einen Menschen, »Gott in allen Dingen zu finden«. Wäre es denn darum zu abwegig, daraus den Schluß zu ziehen, daß unser geistliches Leben seinen eigentlichen Schwung durch das Leben des »Partikular-Examens« und damit unserer Persönlichen Berufung bekommt? Denn nur wenn ich den *gottgeschenkten Sinn im* tiefsten Innern meines Herzens – in meinem Wesenskern – lebe, nur dann bin ich wirklich lebendig; sonst bin ich so gut wie tot. Genau das meinen wir doch, wenn wir vom »Pulsschlag des geistlichen Lebens« sprechen.

Religiöse Ausbildung

Was echte religiöse Ausbildung oder Erziehung oder Pädagogik angeht, gilt heutzutage der Grundsatz: Was eine Person wirklich prägt, ist nicht das Wissen, das ihr durch andere Menschen vermittelt wird oder sozusagen von außen an sie herangetragen wird, sondern das, was ihr hilft, die reichen inneren Schätze – das Potential, die eigenen Kräfte und Ressourcen –, die in ihr verborgen sind, aufzudecken und freizusetzen. Die moderne Psychologie, besonders die Erziehungspsychologie bestätigt diese Sichtweise und läßt keinen Zweifel daran. Besonders die etymologischen Wurzeln des Wortes »erziehen« (lateinisch *educere*) legen nahe, daß es dabei um die Förderung und Entwicklung des Reichtums geht, der im Innern eines jeden Menschen schlummert.

Was sind nun diese reichen Schätze, die in einem Menschen verborgen sind, wenn nicht seine unwiederholbare Einmaligkeit und sein wahrstes »Selbst«? Darum kann man einen Menschen nur dann im tiefsten Sinne formen und erziehen, wenn man ihm durch Unterscheidung der Geister hilft, mit seinen innersten Quellen in Kontakt zu kommen, nämlich die Persönliche Berufung zu entdecken. Alles andere »Wissen«, das von außen vermittelt wird, wird sein Ziel nur in dem Maße wirklich erreichen, in dem es mit dem einmaligen persönlichen »Sinn« im Leben der betreffenden Person in Beziehung gebracht wird. Kann keine solche Verbindung hergestellt werden, ist dieses »Wissen« wie Samenkörner, die auf den Weg gesät und »zertreten oder von Vögeln des Himmels aufgefressen werden« (vgl. Lukas 8,5).

Genau das gibt uns den wahren Zugang zu dem, was wir heutzutage religiöse Weiterbildung nennen. Ihr Herzstück liegt nicht in einem »Wiederaufbereitungs«-Programm, so wertvoll das sein mag. Die Quelle und das Geheimnis der Weiterbildung einer jeder Person ist ihre Persönliche Berufung, weil diese sie mit dem Reichtum der innersten und reichsten Ressourcen, nämlich dem unwiederholbaren Sinn ihres Lebens in Kontakt bringt. Die Persönliche Berufung gleicht lebendigen Antennen, die beständig aus der Atmosphäre – das heißt von der ganzen Bandbreite der menschlichen Erfahrungen der betreffenden Person – das auffangen, was für ihr Wachstum und ihre Weiterbildung von Bedeutung ist. Denn alle »Motivation«

leitet sich aus der Sinnhaftigkeit einer Sache ab. Was im Umfeld der Erfahrung keine Beziehung zum »Sinn« des eigenen Lebens hat, wird nicht integriert und bleibt darum steril; nur was tatsächlich damit in Beziehung steht, wird von diesen Antennen aufgenommen und kristallisiert sich um diesen persönlichen Sinn herum. Dann dient es der Weiterentwicklung und dem weiteren Wachstum der betreffenden Person. Wer darum die Persönliche Berufung lebt, befindet sich im wahrsten und tiefsten Sinn des Wortes in fortwährender und vertiefter Weiterbildung.

»Allgemeine Erforschung« – Sich täglich in der Unterscheidung der Geister üben

Seit Jahren erzählen mir Priester, Ordensleute und engagierte Laien bei Exerzitien und auch sonst, daß sie die Praxis der »Allgemeinen Erforschung«, meistens »Gewissenserforschung« genannt, seit langem aufgegeben hätten. Sie war für sie zu einer rein sinnlosen Routine geworden. Was – so sagen sie – hat es für einen Sinn, Tag für Tag, zuweilen zweimal täglich, jene alte Leier abzuspielen, die – nach dem, was sie gelernt hatten – die Gewissensforschung war: Erst Gott danken für die Gaben der Schöpfung, der Erlösung, der Heiligung, der Berufung, der persönlichen Gaben und so weiter, dann um Licht bitten, ihre Sünden und Fehler sehen zu können, dann sich zu prüfen, um einige Sünden zu finden und so weiter (oft können sie keine finden, sagen sie, aber sie müßten bestimmt

welche haben…), dann einen Akt der Reue erwek-
ken und einen Vorsatz der Besserung fassen – wobei sie gar nicht recht wissen, was sie genau zu bes-
sern, zu tun oder nicht wieder zu tun versprechen.

Ich war so betroffen von dieser immer wieder-
kehrenden Geschichte, daß ich mich hinsetzte und
mich fragte, warum diese tiefe geistliche Übung,
die eine lange Tradition hat, für so viele engagierte Christen zu einer »Routine« geworden war. Ich
glaube, daß ich eine Antwort auf diese Frage gefunden habe: Wir haben aus der »Gewissenserforschung« eine Übung reiner *Moral* gemacht;
tatsächlich aber ist sie die tägliche Übung der
Unterscheidung der Geister.

Moral als solche ist dem Alten Testament zu-
geordnet; typisch für das Neue Testament ist nicht
bloße Moral, sondern Unterscheidung. Als Christen und Jünger Jesu Christi ist das Kriterium für
unser Verhalten und Tun nicht einfach die Frage
danach, was »richtig« ist im Gegensatz zu »falsch«
oder »gut« im Gegensatz zu »böse«. Das Gesetz
des neuen Testamentes ist das der Liebe, nicht
geschrieben auf Tafeln von Stein außerhalb unserer selbst, sondern eingeschrieben in unser Herz,
in unser Innerstes. Als neutestamentlicher Mensch
fragt der Christ nach der »*größeren Liebe*«; er ist
sittlich nicht frei, irgendeine von zwei Alternativen zu wählen, wenn beide gut sind. Dem Christen geht es darum herauszufinden, wozu ihn die
»größere Liebe« einlädt – und das ist nur möglich
mit Hilfe der Unterscheidung der Geister. In
diesem Sinn ist die »Gewissenserforschung« als

eine Übung der Unterscheidung der Geister *die typisch neutestamentliche Übung.*

Nun ist aber das Typische an der christlichen Unterscheidung der Geister, daß sie in der *Erfahrung gründet:* denn die Unterscheidung der Geister ist eine Art Durchsieben *innerer geistlicher Erfahrungen,* um ihre Richtung zu erspüren und so ihren Ursprung herauszufinden – wenn sie von Gott kommen, sie aufzunehmen und sich zu eigen zu machen; wenn sie aber vom Gegengeist kommen, sie zurückzuweisen. Zudem ist der erste Schritt beim Umgang mit unserer Erfahrung, daß wir uns ihrer *bewußt* werden; daher ist die »Gewissenserforschung«, eben weil sie eine Übung der Unterscheidung ist, ein *»examen of consciousness«,* ein sich unserer konkreten Erfahrung Bewußtwerden, was immer sie sein mag.

Es ist auffallend, daß in den romanischen Sprachen für beides – »Gewissen« und »Bewußtsein« – dasselbe Wort verwendet wird: im Lateinischen bedeutet *conscientia* »Gewissen« und »Bewußtsein«; das gleiche gilt für das Spanische Wort *conciencia,* das Italienische Wort *coscienza* und das Französische *conscience.* Ignatius hat durch seine Geistlichen Übungen das *Examen de conciencia* – in Wirklichkeit also eine »Prüfung des Bewußtseins« (consciousness examen) – als eine Übung der Unterscheidung der Geister bekanntgemacht und verbreitet.

Wie gehen wir nun konkret an diese Übung der Unterscheidung der Geister heran? Was sind ihre spezifischen Schritte?

1. Dank

Weil dieses eine typisch *christliche* Übung ist, beginnen wir mit »Danksagung«. Im christlichen Glauben liegt die Betonung im geistlichen Leben nicht auf der Anstrengung des Menschen, als ob dieser sich seinen Weg hinauf zu Gott erkämpfen müßte. Gemäß der biblischen Offenbarung ist es Gott, der die Initiative ergreift; Er spricht das erste Wort; *Er* ist es, der immer wieder auf dem Weg zu uns ist; *Er* ist es, der immer wieder zu uns kommt mit Seinen Gaben, Seiner Gnade, Seiner Liebe und Macht; unsere Aufgabe und Herausforderung ist es, aktiv *aufnahmebereit* für Ihn und Seine Heilstaten zu sein.

Um darum unsere »Allgemeine Erforschung« als typisch *christliche* Übung in den richtigen Zusammenhang zu stellen, beginnen wir diese damit, uns bewußt zu werden und uns erkenntlich zu zeigen für die Tatsache, daß Gott immer wieder mit Seinen Gaben, Seiner Gnade und Seinem Handeln zu uns kommt – wir *danken* Ihm.

2. Erfahrung

Mit dieser typisch christlichen Haltung lassen wir uns nun auf die Übung der Unterscheidung ein. Das bedeutet, daß wir zunächst unsere reale *Erfahrung* des letzten Tages oder Halbtages aufgreifen – was auch immer diese Erfahrung war, positiv oder negativ. Wenn wir mit dieser Erfahrung gut umgehen wollen, können wir das nur, wenn wir uns ihrer zunächst *bewußt* werden und sie dann als solche *annehmen.* Die beiden ersten Schritte sind darum:

- *Sichbewußtwerden* oder *wahrnehmen* der realen Erfahrung, die man gemacht hat.
- *Annahme* derselben, das *Wahr-sein-Lassen* derselben.

Wir müssen bei diesem Schritt der Annahme etwas verweilen, weil er zu oft als selbstverständlich abgetan wird. Wir tun gut daran, klar zwischen »Billigung« und »Annahme« zu unterscheiden: »Billigung« oder »Mißbilligung« ist ein *Urteil,* während »Annahme« oder »Nicht-Annahme« eine *Haltung* ist. Gott kann so viele Dinge, die ich sage und tue, nicht billigen, doch in diesen gleichen Dingen »akzeptiert« er mich *bedingungslos* – dessen bin ich absolut sicher und gewiß. Was Gott mir gegenüber tut, das soll ich mir selbst gegenüber auch tun. Die Erfahrung hat mich gelehrt, daß wir entweder »Billigung« und »Annahme«, »Mißbilligung« und »Ablehnung« verwechseln, oder daß wir voraussetzen, daß das »Sich-bewußt-Sein« oder Wahrnehmen einer Erfahrung schon automatisch ihre »Annahme« mit einschließt. Tatsache ist, daß in jedem/jeder von uns automatisch eine innere Dynamik der »Ablehnung« oder »Nicht-Annahme« einsetzt. Ein wichtiges Ergebnis, das auf der Erfahrung im Beratungsdienst und in der geistlichen Begleitung aufbaut, ist die Erkenntnis, daß die »Nicht-Annahme« tatsächlicher Erfahrungen ein Grundhindernis darstellt, das in so vielen gutwilligen und wohlmeinenden Leuten wirkliches Wachstum blockiert – sowohl menschliches wie geistliches Wachstum.

Es lohnt sich, genauer hinzuschauen, wie die innere Dynamik der »Nicht-Annahme« in uns spontan einsetzt und die Führung übernimmt. Entweder gehen wir unserer Erfahrung aus dem Weg, oder wir bekommen Angst vor ihr, oder wir entwickeln Schuldgefühle deswegen, oder wir verdrängen und unterdrücken sie – alles sind Formen der »Ablehnung«, verschiedene Weisen, die Wirklichkeit nicht anzunehmen. Wie können wir *mit* Erfahrung gut *umgehen,* so frage ich, wenn wir sie als erstes gleich auszulöschen versuchen?

Nehmen wir ein Beispiel: Ich werde mir bewußt und nehme wahr, daß ich ungeduldig war, wütend wurde und aus der Haut gefahren bin. Ganz spontan nehme ich sofort – meist unausgesprochen (genau das ist das Heimtückische dabei, denn würde ich es in Worte fassen, würde ich es oft als das erkennen, was es ist) – eine von zwei Reaktionsweisen an: Entweder ich beginne, mich in Selbstmitleid zu ergehen, wobei ich mir, in Worte übersetzt, etwa folgendes sage: »Im Grunde genommen bin ich ein guter Kerl, aber die anderen verstehen mich nicht – ich Pechvogel!« Oder ich verschanze mich hinter der Selbstrechtfertigung, die etwa so aussehen würde: »Sie haben mich provoziert, jetzt haben sie, was sie verdient haben!« Es ist unschwer zu erkennen, daß psychologisch gesprochen, beide Reaktionen Formen der »Nicht-Annahme« sind.

Aber da wir in der »Allgemeinen Erforschung« als Übung der Unterscheidung der Geister nicht nur mit »negativen«, sondern ebenso mit »positiven« Erfahrungen gut umzugehen haben, füge ich ein zweites Beispiel hinzu. Nehmen wir den Fall, daß ich mir bewußt geworden bin, jemandem wirklich einen guten Dienst erwiesen zu haben, großzügig einem anderen in seiner Not geholfen habe. Auch hier nehme ich ganz spontan eine von zwei extremen Positionen ein: Entweder ich merke, »es geht mir schlecht, weil ich ein gutes Gefühl habe« – denn ich wage es nicht, zuzugeben und mir zuzugestehen, daß ich etwas Gutes getan habe (mir ist so gründlich beigebracht worden, das Gute, das ich tue, nicht wahrzuhaben, daß ich mich davor fürchte, stolz und arrogant zu sein!). Oder aber ich blähe meine Erfahrung über die Maßen auf, so daß ich mich als Ausbund aller Tugend sehe, weil ich einmal einem Mitmenschen einen guten Dienst erwiesen habe – beides sind subtile Formen von »Nicht-Annahme«.

All das zeigt, wie unbedingt notwendig es ist, Zeit und Mühe auf die echte *Annahme* unserer Erfahrung zu verwenden und diese nicht einfach als selbstverständlich vorauszusetzen.

3. »Freiheit« durch Unterscheidung der Geister

Erst nachdem wir unsere konkrete Erfahrung – wie sie auch immer aussehen mag – *bewußt angenommen* haben, können wir *in ihr,* ja *durch* diese Erfahrung als *echte Christen* leben. Das typisch »Christliche« besteht – wie wir gesehen haben – darin, sich Gott *zu schenken und zu überlassen,* genau das bedeutet »frei« zu werden für Gott, Ihm die Tür zu öffnen – und in Ihm den Mitmenschen – und das in der wirklichen und konkreten Erfahrung unseres menschlichen Daseins.

Nun aber hat jeder von uns in seiner Persönlichen Berufung eine ganz *einmalige und persönliche Art und Weise* gegeben, »Christ« zu sein, das heißt, jeder/jede von uns hat eine einmalige und persönliche Weise, sich Gott zu schenken und zu überlassen oder »frei« zu werden, und das in jeder menschlichen Erfahrung. Mit anderen Worten, jeder/jede von uns hat ein *einmaliges Geheimnis,* einen *einmaligen Prüfstein,* um die Unterscheidung der Geister in bezug auf all unsere Erfahrungen üben zu können.

Darum besteht der spezifisch »christliche« Schritt an diesem Punkt der »Allgemeinen Prüfung« darin, tief bis in unseren Wesenskern die Haltung unserer Persönlichen Berufung anzunehmen, die uns von uns selbst »freimacht«, damit wir in und durch unsere wirkliche, konkrete Erfahrung dem Herrn begegnen und Ihn »berühren« können – und das sowohl in und durch unsere »negativen« wie »positiven« Erfahrungen.

Indem ich nun alle diese Schritte zusammenfasse, möchte ich die »Allgemeine Erforschung« als Übung der Unterscheidung der Geister wie folgt beschreiben: Sie ist eine *betende Neuausrichtung des Herzens,* die mit Dank beginnt und sich durch die ganz bewußt angenommene konkrete Erfahrung hindurch neu auf Gott als einzigen Herrn ausrichtet.

Das *Sakrament der Versöhnung* ist zutiefst mit der »Allgemeinen Prüfung« verbunden. Den meisten Katholiken, die ein echtes Verständnis der Sakramente haben, bereitet es keine Schwierigkeit, bei einer schweren Sünde die »Beichte« als verpflichtend anzusehen. Was viele nicht verstehen oder schätzen, ist der Sinn der sogenannten »Andachtsbeichte«.

Wenn aber, wie ich oben sagte, die »Allgemeine Erforschung« mein tägliches Bemühen ist, mich im Schmelztiegel meiner konkreten Erfahrung Gott zu übergeben und zu überlassen – das heißt, mein tägliches Streben als echter »Christ« zu leben –, dann bedeutet das, daß ich in der sogenannten »Andachtsbeichte« von Zeit zu Zeit, in regelmäßigen Abständen (14tägig, monatlich…) dieses gleiche tägliche Bemühen, als echter »Christ« zu leben, zum Ausdruck bringe und in ihm aufgipfeln lasse.

Das geschieht am besten dadurch, daß man sich auf den einen oder anderen Bereich konzentriert, in dem das tägliche Bemühen um Selbsthingabe – mit Hilfe der treuen Praxis der »Allgemeinen Erforschung« – als besonders notwendig empfunden wird. Auf diese Weise wird die echte christliche Reue auf jenen besonderen Bereich konzentriert – und die Gnade des Sakraments wird ebenfalls konkret darauf hingelenkt –, um auf genau diesem Gebiet des christlichen Lebens und Dienstes weiterzuwachsen. Die Erfahrung hat gezeigt, daß die »Andachtsbeichte« , was das praktische Leben als Christ angeht, oft unwirksam und steril geblieben ist, weil man das persönliche Streben und Bemühen auf zu viele Bereiche gleichzeitig gelenkt hat.

»Besondere Erforschung« – Sich täglich für die Begegnung mit Gott bereitstellen

Jede Erwähnung der »Besonderen Erforschung« oder des sogenannten »Partikular-Examens« beschwört sofort Bilder von generell unfruchtbaren Anstrengungen herauf, die in früheren Phasen der Einführung in das geistliche Leben als eine Art »geistlicher Buchführung« unternommen wurden. Entweder griff man dabei einen bestimmten persönlichen Schwachpunkt heraus, zählte täglich, wie oft man darin wieder versagt hatte, und machte einen festen Vorsatz, den Fehler mehr und mehr abzubauen; oder aber man konzentrierte sich auf einen positiven Bereich wie zum Beispiel eine bestimmte Tugend oder Haltung, prüfte sich gewissenhaft, wie oft es einem gelungen war, diese Tugend zu üben, und versuchte entschieden, die »Übung« dieser Tugend immer mehr zu steigern.

Betrachten wir aber die praktische Erfahrung, die die vielen Menschen, die auf diese Weise in die Praxis des »Besonderen Examens« eingeführt wurden, gemacht haben, so müssen wir ehrlicherweise zugeben, daß diese Art »geistlicher Buchführung« ihr Ziel schlichtweg nicht erreichte. Sie wurde sehr bald nach der Ausbildung aufgegeben als »hoffnungslos« und »unmöglich, auf Dauer zu praktizieren«. Kein Geringerer als der große geistliche Schriftsteller P. Luis de La Palma – ein bekannter

Jesuit und Geistlicher Begleiter im späten 16. und frühen 17. Jahrhundert – deutete an, daß diese Weise, das »Besondere Examen« zu praktizieren, in seiner eigenen Erfahrung wie in der Erfahrung derer, die er begleitete, völlig fruchtlos war. (Vgl. mit seinem Kommentar zu den Ignatianischen Exerzitien »Camino Expiritual«, in: Obras del P. Luis de la Palma, S. 892 ff, bes. S. 894, B.A.C., Madrid 1967)

Und dennoch nennen die klassischen geistlichen Schriftsteller das »Besondere Examen« den »Pulsschlag des geistlichen Lebens«! Ich erinnere mich, daß mir im Noviziat mit Nachdruck gesagt wurde (obwohl ich es bisher nirgendwo dokumentiert finden konnte), daß Ignatius zugegeben habe, er habe in den letzten 20–25 Jahren seines Lebens sein Partikular-Examen über Eitelkeit, Ehrgeiz und Prahlerei gemacht. Wie dem auch sei, man ist leicht dazu geneigt, das »Besondere Examen« als »Puls des geistlichen Lebens« zu bezeichnen, als eine fromme Übertreibung der geistlichen Schriftsteller abzutun. Ich selbst jedenfalls lehnte es in den frühen Jahren meiner jesuitischen Ausbildung ab, genauso wie die Behauptung, Ignatius habe sein Partikular-Examen über Eitelkeit, Ehrgeiz und Prahlerei gemacht (gerade in den Jahren, in denen Gott ihn mit großen mystischen Gnaden überschüttete!) »Diese Heiligen haben immer etwas ›Frommes‹ über sich zu sagen!«, war meine Reaktion, an die ich mich erinnere.

Wer aber war dieser Ignatius von Loyola wirklich, als Gott ihn auf dem Schlachtfeld von

Pamplona erfaßte und sein Bein mit einer Kanonenkugel zerschmetterte? Er selbst erzählt uns davon in den aufschlußreichen Zeilen seines »*Pilgerberichts*« (Nr. 1; 4–6): Er träumte einzig und allein von weltlichen Ehren und weltlichem Ruhm und von den heroischen Heldentaten, die er für seinen König und seine Herzensdame vollbringen wollte! Das war der Ignatius, den Gott ergriffen hat und, wie ich gerne zu sagen pflege, um 180 Grad herumgedreht hat! Gott sagte zu Ignatius: »Du träumst von deiner größeren Ehre; aber kennst du den *Sinn*, den ich deinem Leben gegeben habe? Nicht deine, sondern meine größere Ehre *(la mayor gloria de Dios)*!«

Ich habe keine Zeifel daran, daß die Persönliche Berufung von Ignatius von Loyola »la mayor gloria de Dios« war – die größere, die jeweils größtmögliche Ehre Gottes. Das hat Ignatius sein Leben lang nie mehr vergessen; im Gegenteil, je größer die Gnaden, mit denen Gott ihn überschüttete, desto mehr galt es für ihn, darüber zu wachen, sie ja nicht zu seiner eigenen größeren Ehre zu verwenden – er wußte nur zu gut, daß er eine Schwäche dafür hatte –, sondern eben zur größtmöglichen Ehre Gottes. Wäre es darum verwunderlich, wenn Ignatius – falls wir das belegen könnten – sein Partikular-Examen tatsächlich die letzten 20–25 Jahre seines Lebens hindurch über Eitelkeit, Ehrgeiz und Angeberei gemacht hätte?

Mir ist dadurch, aber besonders durch meine eigene persönliche Erfahrung wie auch meine Erfahrungen als geistlicher Begleiter deutlich geworden, daß das »Partikular-Examen« in Wahrheit die Prüfung ist, die auf jeden einzelnen Menschen zugeschnitten ist und als »besonders« oder »spezifisch« oder »einmalig« bezeichnet werden muß. Was aber ist in der Tat mehr »spezifisch« oder »einmalig« für eine bestimmte Person als ihre Persönliche Berufung? Es ist bedeutsam, daß im Spanischen das Wort »particular« gerade nicht das Gegenteil von »general« (allgemein) ist – und Ignatius, der das »Partikular-Examen« durch seine Geistlichen Übungen bekanntgemacht und verbreitet hat, war ein Spanier. Im Spanischen wird das Wort »particular« oft verwendet, wenn man eine ganz bestimmte Person meint, ein unverwechselbar einmaliges Individuums, wie zum Beispiel *»este particular me lo dijo«,* was bedeutet: »Dieser bestimmte Mensch – und kein anderer – hat mir dieses oder jenes gesagt.«

Das »Partikular-Examen« ist demnach nicht von der Persönlichen Berufung zu trennen. In diesem tiefen Sinn verstanden, gibt es letztlich nicht viele »Punkte« für das »Partikular-Examen«; sondern für jeden einzelnen nur *eines:* eben seine Persönliche Berufung. Kein Wunder, daß das »Besondere Examen« für die betreffende Person das einmalige Kriterium wird für die christliche Unterscheidung der Geister, und zwar in bezug auf die ganze Palette der menschlichen Erfahrung, denn es ist für diese Person ihre einmalige und spezifische Weise, sich für die Begegnung mit dem Herrn bereitzustellen – und das in jeglicher menschlichen Situation. Mit einem Wort, es ist für den betreffenden Menschen die einmalig persönliche Weise, »Gott in allen Dingen zu finden«, »kontemplativ im Tun zu sein«. Daraus wird deutlich, wie die Praxis und der Vollzug des »Partikular-Examens« wirklich Elan in das geistliche Leben des einzelnen bringt. Sollte es dann eine fromme Übertreibung sein, wenn man bestätigt, das »Besondere Examen« sei in Wahrheit »der Pulsschlag des geistlichen Lebens«? Denn man kann nicht behaupten, wirklich lebendig zu sein, wenn man in seinem tiefsten Wesenskern den *gottgeschenkten* Sinn nicht lebt, denn sonst ist man so gut wie tot.

Zur Praxis des »Partikular-Examens«

Ich habe oben auf P. Luis de La Palma und seinen meisterhaften Kommentar zu den Ignatianischen Exerzitien, den »Geistlichen Weg« (Camine Espiritual) Bezug genommen. Als junger Student der Philosophie in Barcelona/Spanien (1952–1955) hatte ich Gelegenheit, diesen geistlichen Klassiker zu lesen. Schon damals hatte sich das, was dieser gefeierte geistliche Begleiter über die Praxis des Partikular-Examens zu sagen hatte, als erhellend und – mehr noch – als befreiend für mich erwiesen.

La Palma vermeidet alle Formen von »geistlicher Buchführung«, wie ich sie bezeichnet habe, und bietet dafür einen erfrischend neuen Zugang zum Vollzug dieser Übung an – selbst wenn sein Verständnis vom Partikular-Examen noch verbunden ist mit der Konzentration auf einen *speziellen*

Teilbereich (positiv und negativ) des konkreten Alltagslebens eines Menschen. Was er vorschlägt, wirkt ganz banal; in Wirklichkeit führt es aber zu einer tiefen Einsicht in das Wesen und Wachstum des christlichen geistlichen Lebens.

Nach La Palma besteht die Praxis des Partikular-Examens in der Auswahl einiger ganz bestimmter Augenblicke während des Tages – Augenblicke im eigenen Tagesablauf, über die man *mit Sicherheit* verfügen kann, ganz gleich, wie wenige es auch sein mögen –, in denen man sich in seinem Wesenskern in jene *Haltung* hineinversetzt, die man als Schwerpunkt für das Partikular-Examen gewählt hat. Wohlgemerkt, es gibt absolut kein Nachzählen, weder wie oft man gefehlt hat, noch wie oft man etwas tatsächlich praktiziert (im Fall eines »positiven« Bereichs) oder sich darin geübt hat; das einzige, was es zu überprüfen gilt, ist, ob man die Augenblicke, die man für das schon erwähnte Einnehmen der Haltung ausgewählt hatte, treu eingehalten hat.

Täuschend einfach, oder? Und doch steht dahinter die tiefe Einsicht, daß die menschliche Freiheit im geistlichen Leben keine andere Rolle spielt, als sich aktiv für Gott *bereitzustellen* (»disponer«); Gott tut das übrige. Gott hat die Initiative und tut den ersten Schritt: Er ist es, der *immer* in unser Leben kommt, um es zu retten und zu erlösen (»Er kommt, kommt, kommt immer«, wie es der große indische Dichter Rabindranath Tagore in seinem Werk »*Gitanjali*« gesungen hat). Wenn unsere Herzen für ihn »disponiert« sind, werden wir die Vereinigung mit Gott erfahren, mit Ihm eins sein. Was La Palma vorschlägt, ist also konkret nichts anderes als ein regelmäßiges »Sich-Disponieren« dazu, das zu sein oder zu tun, was man als Gegenstand seines »Besonderen Examens« gewählt hat. Wenn man das treu zu den Zeitpunkten tut, die man für sich festgelegt hat, besteht weniger Möglichkeit, daß man unvorbereitet ist oder überrascht wird; man wird dann tatsächlich das sein oder tun, was man sich nach sorgfältiger Prüfung und aus Überzeugung ausgewählt hat, daß man es tun will.

So weit La Palma. Als mir selbst aber die Gnade zuteil geworden war, nicht nur meine eigene Persönliche Berufung mit Hilfe der Unterscheidung der Geister zu entdecken, sondern auch ihre Bedeutung, ihre Auswirkungen und ihre Stoßkraft im Leben und meiner Arbeit zu erfahren, da begriff ich noch tiefer, worin der eigentliche Vollzug des »Partikular-Examens« besteht. Wenn die »Besondere Prüfung«, wie ich aufgezeigt habe, sich nicht von der Persönlichen Berufung unterscheidet, letztere die unwiederholbar einmalige und spezifische Weise eines Menschen ist, sich wirklich für den Herrn zu *disponieren,* dann folgt daraus: Die sinnvollste Praxis des »Partikular-Examens« besteht darin, zu jenen bestimmten Zeitpunkten, die man sich ausgewählt hat, weil sie einem im eigenen Tagesablauf verfügbar sind, tief in seinem Wesenskern die Haltung seiner Persönlichen Berufung anzunehmen. Gerade das macht – wie sonst nichts anderes – einen Menschen bereit,

Gott zu begegnen – in den Menschen, in den Ereignissen und in den konkreten Umständen von Zeit, Ort und Handlung, die den Ablauf unseres Alltags bestimmen. Es ist im letzten die einmalig persönliche Weise eines Menschen, »Gott in allen Dingen zu finden«.

Schluß

Zum Schluß muß ich gestehen, daß ich bis heute über die »Persönliche Berufung« weder etwas gelesen noch gehört habe; ich habe bisher nichts Schriftliches über dieses Thema gefunden – es mag durchaus etwas dazu geben, aber ich möchte hier festhalten, daß es mir nicht bekannt ist; noch habe ich niemanden in einem Vortrag oder ähnlichem darüber sprechen hören. Was ich in diesen Ausführungen mitgeteilt habe, ist bis in alle Einzelheiten meine eigene persönliche Erfahrung und – so kann ich hinzufügen – die erstaunlich reiche persönliche Erfahrung vieler anderer, die ich geistlich begleiten durfte. Was ich darum hier mitgeteilt habe, hat keine andere Grundlage als die tiefe gelebte Erfahrung, die es stützt – allerdings an jedem Punkt theologisch untermauert.

Ich bin mir durchaus bewußt, daß gegen all das, was ich zum Thema »Persönliche Berufung« gesagt habe, der Vorwurf eines übertriebenen Individualismus und einer Vernachlässigung der sozialen Verantwortung und entsprechenden Einsatzes vorgebracht werden könnte. Darum möchte ich noch ein abschließendes Wort sagen, das ebenfalls nicht aus der Theorie, sondern aus der gelebten Erfahrung kommt.

Es gibt einen gewaltigen Unterschied zwischen »Individualismus« und »Personalismus«. Eine »Person« sein bedeutet notwendigerweise ausgestattet sein mit einer Freiheit, die offen ist für andere. Eine Person ist nicht ein in sich geschlossenes Wesen (letzteres wäre Individualismus); sie ist ein Wesen, das wächst, sich entwickelt und eben durch die zwischenmenschlichen Beziehungen, auf die es sich einläßt, heranreift. Was Carl Rogers in seinem Buch »On becoming a person« (Person werden) lehrt, ist völlig einsichtig: Wir werden immer mehr und tiefer zu »Personen« gerade durch die zwischenmenschlichen Beziehungen, die wir knüpfen. »Person« und »Gemeinschaft« sind keine sich einander ausschließenden Begriffe; sie sind ganz eng aufeinander bezogen. Eine Person wird Person nur in der Gemeinschaft, und eine Gemeinschaft ist nur dann eine echte Gemeinschaft, wenn sie aus lebendigen, verantwortungsbewußten Personen zusammengesetzt ist, die sich als Mitglieder die Aufgaben und Ziele der Gemeinschaft zu ihren eigenen machen.

In diesem Zusammenhang tun wir gut daran, uns zu erinnern, daß gerade die Persönliche Berufung die einmalige Weise einer Person ist, *sich selbst zu verschenken und zu überlassen,* sich eben nicht in sich zu verschließen. Die Persönliche Berufung ist also die unverwechselbar einmalige Weise, wie eine Person sich auf eine Gemeinschaft hin öffnet und aufgeschlossen wird für die soziale Wirklichkeit, die soziale Verantwortung und für das gesellschaftliche Engagement.

Vor kurzem fand ich zufällig in T.S. Eliots »Old Possum's Book of Practical Cats« sein reizendes Gedicht »The naming of cats« (Die Namen einer Katze). Als ich es las, gefiel mir das Gedicht so gut, und mit der Überzeugung, daß es nicht lediglich »für Kinder« (für die er es in den dreißiger Jahren schrieb), sondern sehr wohl für Erwachsene geeignet ist, beschließe ich seitdem alle meine Referate über »Persönliche Berufung« mit diesem Gedicht. So möchte ich auch dieses Büchlein auf ähnliche Weise abschließen, indem ich in Dankbarkeit T.S. Eliot zitiere.

The Naming of Cats *

The Naming of Cats is a difficult matter,
It isn't just one of your holiday games;
You may think at first I'm as mad as a hatter
When I tell you, a cat must have
three different names.
First of all, there's the name that the family use
    daily,
Such as Peter, Augustus, Alonzo or James,
Such as Victor or Jonathan, George or Bill Bailey –
All of them sensible everyday names.
There are fancier names if you think they sound
    sweeter,
Some for the gentlemen, some for the dames:
Such as Plato, Admetus, Electra, Demeter –
But all of them sensible everyday names.
But I tell you, a cat needs a name that's particular,
A name that's peculiar, and more dignified,
Else how can he keep up his tail perpendicular, –
Or spread out his whiskers, or cherish his pride?
Of names of this kind, I can give you a quorum,
Such as Munkustrap, Quaxo or Coricopat,
Such as Bombalurina or else Jellylorum –
Names that never belong to more than one cat.
But above and beyond there's still one name left
    over,
And that is the name that you never will guess;
The name that no human research can discover –
But *the cat himself knows*, and will never confess.
When you notice a cat in profound meditation,
The reason, I tell you, is always the same:

His mind is engaged in a rapt contemplation
Of the thought, of the thought, of the thought of
    his name:
His ineffable, effable,
Effanineffable
Deep and inscrutable singular Name.

*Reprinted here by permission of »Faber and Faber Ltd.« from »Old Possum's Book of practical cats« by T.S. Eliot.

Die Namen einer Katze *

Es ist schwierig, Katzen Namen zu geben,
Ein Ferienspiel wäre leichter dagegen.
Zunächst mag ich ein Narr für dich sein,
Wenn ich sage, *drei verschiedene Namen*
für eine Katze müssen es sein.
Erstens der Name, den die Familie täglich ruft,
Wie Peter, Alonzo, James oder gar August,
Wie George oder Bill, Victor oder Jonathan,
Alles vernünftige alltägliche Nam'.
Du meinst einen besseren Klang
Hätten phantasievollere Namen,
Diese für Herren, jene für Damen:
Wie Admetus, Electra, Demeter, Plato – recht
    zünftig,
Alltägliche Namen – jedoch ganz vernünftig.
Doch die Katze braucht einen besonderen Namen
– sag ich dir,
Der würdiger, einmaliger ist, als alle Namen hier.
Wie könnte sie sonst ihren Schwanz so hoch
    tragen,
Ihre Schnurrhaare spreitzen, mit ihrem Stolze
    prahlen?
Viele Namen gibt es von dieser Art,
Wie Munkustrap, Quaxo oder Coricopat
Wie Bombalurina oder Jellylorum,
Namen, wie sie nie mehr als einer Katze gehören.
Darüber hinaus – das muß ich dir sagen,
Braucht eine Katze noch einen Namen.
Einen Namen, den du niemals erraten wirst –
    leider –

Auch menschliches Forschen hilft da nicht
   weiter –
Nur *die Katze ihn selber weiß* –
Gibt ihn aber niemals preis.
Siehst du eine Katze in tiefer Betrachtung,
Ist sie immer – so sag ich mit Achtung –
In Kontemplation tief versunken,
Von einem einzigen Gedanken ganz trunken:
Dem Gedanken – des Gedankens –
   des Gedankens
Ihres Namens:
Ihres unaussprechbaren, aussprechbaren
Aussprechbar – unaussprechbaren
Tiefen, unergründlichen, einmaligen Namens.

*Deutscher Text von Sr. Martino Machowiak C.P.S.

83

Fragen

Folgende Fragen wurden von Herbert Alphonso formuliert, um Menschen zu helfen, sich auf die Suche nach ihrer Persönlichen Berufung zu machen. Sie sind zwar kein Ersatz für Ignatianische Exerzitien, aber sie sind eine Hilfe im Suchprozeß.

Frage 1

- Was spricht mich spontan in deinem Leben am meisten an?
- Was gibt mir spontan Tröstung? Oder: Wann habe ich mich in der Vergangenheit spontan Gott nahe gefühlt? – Nicht aufgrund eines Gedankenablaufs, sondern spontan, weil mein Herz von Gott angerührt war – ich mit Gott eins war. (*Anmerkung*: Es ist bedeutsam, daß wir im Moment der größten Gottesnähe zugleich im tiefsten eins mit uns selbst sind.)
- Was sind meine Lieblingsstellen in der Heiligen Schrift?
- Gibt es in meiner Lebensgeschichte bestimmte *Schlüsselerfahrungen*, an die ich mich fast spontan in Augenblicken großer Herausforderung oder tiefen Glücks erinnere?

Anmerkung: Dies sind vier verschiedene Arten, die gleiche Frage zu stellen.

Frage 2

Was hat mir im Rückblick auf meine vergangene Lebensgeschichte geholfen, mich großen Herausforderungen – besonderen Schwierigkeiten und Problemen, Schicksalsschlägen, Kritik, Prüfungen, und so weiter – zu stellen und eventuell tiefe Krisen durchzustehen?

Anmerkung: Die Antwort auf diese Frage zeigt am stärksten in die Richtung der Persönlichen Berufung, denn nur was einen tiefen *Sinn* für mich hat, kann mir in den erwähnten Situationen helfen, meinen Weg weiterzugehen und nicht aufzugeben. Alle Motivation hat ihren Ursprung in dem, was tiefen Sinn *für mich* hat. Sinn gibt mir Kraft, Energie und Schwung.

Glossar

Ignatius von Loyola (1491–1556) ist der Ordensname von Inigo López de Loyola, der 1539 zusammen mit einigen Gefährten in Rom die »Gesellschaft Jesu« gründete, deren Mitglieder Jesuiten genannt werden. Seine Autobiographie erschien unter dem Titel »Bericht des Pilgers«. Inigo gehörte zum spanischen Adel und erlebte nach einer Verwundung bei der Verteidigung der Festung von Pamplona im Jahre 1521 eine grundlegende Bekehrung.

Die »*Geistlichen Übungen*«, auch »*Ignatianische Exerzitien*« genannt, wurden nach seiner Bekehrung von Ignatius von Loyola zusammengestellt und bauen auf seinen eigenen geistlichen Erfahrungen auf, die, wie er meinte, auch anderen Menschen helfen könnten. Seine Anleitungen für die »Geistlichen Übungen« hielt er schriftlich in seinem Exerzitienbuch mit dem gleichen Titel fest (verkürzt EB genannt). Ignatianische Exerzitien erstrecken sich über zirka 30 Tage und bestehen aus verschiedenen »geistlichen Übungen«, die als Ganzes eine bestimmte Dynamik haben und dadurch zu einer entschlossenen Nachfolge Jesu führen wollen. Sie sind eine Zeit des intensiven Gebetes und des Vertrautwerdens mit dem Wort Gottes und haben sich »als ein spiritueller Grundtext erwiesen, der noch heute ungezählten Menschen zu einem persönlichen Verständnis des christlichen Glaubens und einer tieferen Verwur

zelung in ihm hilft« (»Geistliche Übungen« von
Peter Knauer).

Unter dem Namen ›*geistliche Übungen*‹ »ist
jede Weise, das Gewissen zu erforschen, sich zu
besinnen, zu betrachten, mündlich und geistig zu
beten, und andere geistliche Betätigung zu verstehen … Denn so wie das Umhergehen, Wandern und
Laufen leibliche Übungen sind, genau so nennt
man ›geistliche Übungen‹ jede Weise, die Seele darauf vorzubereiten und einzustellen, … den göttlichen Willen in der Einstellung des eigenen Lebens
zum Heil der Seele zu suchen und zu finden«
(EB 1), zu verstehen.

Exerzitant/Exerzitantin ist der Name für den/die
Teilnehmer/in an den Exerzitien.

Aufbau und *Dynamik* der »Geistlichen Übungen«:
Die zirka 30 Tage der Ignatianischen Exerzitien
sind aufgeteilt in vier sogenannte »Ignatianische
Wochen«, die kürzer oder länger wie sieben Tage
sein können, je nachdem, was der/die Teilneh-
mer/in braucht. Dabei hat jede Woche ein be-
stimmtes Ziel, das durch Art und Inhalt der einzelnen geistlichen Übungen angestrebt wird. Die
Dynamik der Exerzitien wird unter anderem durch
die Art und Reihenfolge der »Geistlichen Übungen« bestimmt. Vereinfacht kann der Inhalt der
vier Wochen wie folgt beschrieben werden:

- *Erste Woche:* Der Mensch als Geschöpf Gottes, das von ihm geliebt wird und in seinem
  ganzen Sein mit ihm zu tun hat; die Antwort

des Menschen auf diese Wahrheit und die eigene Erlösungsbedürftigkeit.

- *Zweite Woche:* Meditationen über die Menschwerdung, Geburt und das irdische Leben des Sohnes Gottes bis zur Leidensgeschichte. Am Ende dieser zweiten Woche steht die »Wahl«, der bestimmte Ignatianische geistliche Übungen vorausgehen, nämlich die Betrachtungen über die »Zwei Banner«, die »drei Arten von Menschen« und die Erwägungen über die »drei Weisen der Demut«.
- *Dritte Woche:* Meditationen über die Leidensgeschichte Jesu.
- *Vierte Woche:* Meditationen über die Auferstehung Jesu.

Ignatianische Betrachtungen/Erwägungen, die zur »Wahl« hinführen:

A. In der Betrachtung über die »*Zwei Banner*« wird der/die Exerzitant/in in die Entscheidung »für« oder »gegen« Jesus Christus und seine Werte und so weiter gestellt.

B. Kurzbeschreibungen der »*drei Arten von Menschen*« von Menschen:

   1. Art: »Guter Wille« und dabei bleibt es.

   2. Art: »Ja – aber«: der Mensch, der mit Gott verhandeln will.

   3. Art: »Ja – gerne«: der Mensch, der bedingungslos auf Gottes Anruf eingeht.

C. Die »*drei Weisen der Demut*«, auch »*drei Weisen zu lieben*« genannt:

1. Der Mensch, der auf diese *erste Weise* Gott liebt, ist entschieden, sich in allen Situationen nach den Gesetzen Gottes auszurichten und sich *auf keinen Fall schwere Verfehlungen* gegen Gott zuschulden kommen zu lassen.

2. Der Mensch, der Gott auf diese *zweite Weise* liebt, ist entschieden, Gott zu dienen und *selbst in kleinen Dingen nicht* gegen ihn zu fehlen. Dabei will er *indifferent* sein (das heißt, weder das eine noch das andere vorziehen), zum Beispiel in bezug auf Reichtum oder Armut, langes oder kurzes Leben.

3. Der Mensch, der Gott auf diese *dritte Weise* liebt, will um jeden Preis Jesus Christus nachahmen, um ihm ähnlich zu werden. Darum ist er in seiner Einstellung »Dingen« gegenüber nicht »nur« indifferent, sondern zieht zum Beispiel Armut dem Reichtum vor, weil Jesus arm war.

Die »*Wahl*« ist das Ziel der »Geistlichen Übungen« und bildet ihren Höhepunkt. Sie beinhaltet für den/die Teilnehmer/in eine freie Entscheidung, den göttlichen Plan für sich zu erkennen, anzunehmen und sein/ihr Leben nach Gott und seinen Werten auszurichten.

Da der Mensch meistens innerlich auf viele Art und Weisen – zum Beispiel durch äußere Gegebenheiten, innere und äußere Zwänge, Anhänglichkeiten jeglicher Art, Gewohnheiten, Leidenschaften und so weiter – gebunden und unfrei ist, findet die »Wahl« am Ende der »Zweiten Woche« statt, nachdem die geistlichen Übungen der zwei ersten »Wochen« den/die Teilnehmer/in zur tiefstmöglichsten inneren Freiheit geführt haben. Die geistlichen Übungen nach der »Wahl« – nämlich, die Kontemplationen über die Geheimnisse der Vereinigung, das heißt Leiden, Tod und Auferstehung Jesu – sind darauf ausgerichtet, ihm/ihr zu helfen, die »Wahl« weiter zu verinnerlichen und Kraft von Gott zu erbitten und erhalten, sein/ihr Leben aus dieser »Wahl« zu gestalten.

»Unterscheidung der Geister«:
In seinem Exerzitienbuch gibt Ignatius Regeln für diese Unterscheidung der Geister. Darin macht er auf den Unterschied zwischen zwei Arten von inneren Regungen aufmerksam, nämlich

- inneren Regungen, die zum Guten führen – das heißt zur Hingabe an Gott – und darum von Gott kommen. Diese inneren Regungen nennt er »Tröstung« oder *»geistlichen Trost«*, und
- inneren Regungen, die von Gott weg führen – das heißt, sie führen den Menschen dahin, sich selbst zu verschließen. Diese nennt er *»Trostlosigkeit«*. Sie kommt vom Gegner Gottes, den sogenannten »Gegengeistern«.

Biographie

Herbert Alphonso, der gemeinsam mit Anthony de Mello seinen Weg als Jesuit begann, wurde 1930 in Bombay geboren. Nach seiner Ordensausbildung, die teilweise in Barcelona (Spanien) und in Drongen (Belgien) stattfand, erhielt er sein Doktorat in Spiritualität von der Päpstlichen Universität Gregoriana in Rom. Er war zunächst Novizenleiter, dann Rektor und Professor des theologischen Kollegs in Kurseong am Fuß des Himalayas und Rektor sowie Professor der Theologie am Päpstlichen Athenaeum in Jnana Deepa Vidyapeeth, Pune, südlich von Bombay. 1979 wurde er als Direktor des Ignatianischen Zentrums der Spiritualität zum Generalat der Jesuiten nach Rom berufen. Seit 1992 (bis Ende 1999 war er Dekan der Fakultät) und bis heute Professor der Spirituellen Theologie sowie der Ignatianischen Spiritualität der gleichen Fakultät an der Päpstlichen Universität der Gregoriana. Außerdem arbeitet er auch intensiv mit am interdisziplinären Kurs für Formatoren, der gegenwärtig von der Gregorianischen Universität angeboten wird.

Die Lebenskunst der Klöster

Münsterschwarzacher Kleinschriften

VIER-TÜRME-VERLAG

Vier-Türme GmbH, Verlag
Schweinfurter Straße 40 D-97359 Münsterschwarzach Abtei
Telefon 09324/20-292 Telefax 09324/20-495
Bestellmail: info@vier-tuerme.de / www.vier-tuerme.de

Anselm Grün

Bilder von Jesus

Gebunden, 224 Seiten
ISBN 3-87868-276-X

Jesus, das ist für viele kein bewegendes Thema
mehr. Zu verschwommen, zu verwaschen,
zu wenig von dieser Welt sind die Bilder,
die von ihm herumgeistern.
Anselm Grün zeichnet 50 *neue* Bilder von Jesus:
Jesus der Spalter, Jesus der Frauenfreund,
Jesus der Fresser und Säufer – lebendig, klar
und in keine Schablone zu pressen.
Eine Provokation für Fromme und Unfromme.

Vier-Türme-Verlag

97359 Münsterschwarzach Abtei
Telefon 0 93 24 / 20-292 Telefax 0 93 24 / 20-495
Bestellmail: info@vier-tuerme.de
www.vier-tuerme.de

Anselm Grün

Wenn du Gott erfahren willst, öffne deine Sinne

Halbleinen, 184 Seiten
ISBN 3-87868-159-3

Wie können wir heute Gott erfahren?
»Wenn du Gott erfahren willst,
öffne deine Sinne«, antwortet Anselm Grün.
Wer seine Sinne schärft für das,
was um ihn geschieht, der erfährt Gott:
»Gott zeigt sich uns und spricht zu uns.
Er läßt sich betasten, schmecken und riechen.«
Ein Buch, das zum Leben auffordert.

Vier-Türme-Verlag

97359 Münsterschwarzach Abtei
Telefon 0 93 24 / 20-292 Telefax 0 93 24 / 20-495
Bestellmail: info@vier-tuerme.de
www.vier-tuerme.de